Albrecht Friedrich Weber

Über den zweiten grammatischen Parasiprakaca des Krishnadasa

Albrecht Friedrich Weber

Über den zweiten grammatischen Parasiprakaca des Krishnadasa

ISBN/EAN: 9783743435230

Hergestellt in Europa, USA, Kanada, Australien, Japan

Cover: Foto ©ninafisch / pixelio.de

Manufactured and distributed by brebook publishing software
(www.brebook.com)

Albrecht Friedrich Weber

Über den zweiten grammatischen Parasiprakaca des Krishnadasa

ÜBER DEN

ZWEITEN, GRAMMATISCHEN,

PÂRASÎPRAKÂÇA DES KṚISHṆADÂSA.

VON

A. WEBER.

AUS DEN ABHANDLUNGEN DER KÖNIGL. PREUSS. AKADEMIE DER WISSENSCHAFTEN
ZU BERLIN VOM JAHRE 1888.

BERLIN 1889.

VERLAG DER KÖNIGL. AKADEMIE DER WISSENSCHAFTEN.

IN COMMISSION BEI GEORG REIMER.

ÜBER DEN

ZWEITEN, GRAMMATISCHEN,

PÂRASÎPRAKÂÇA DES KṚISHṆADÂSA.

VON

A. WEBER.

AUS DEN ABHANDLUNGEN DER KÖNIGL. PREUSS. AKADEMIE DER WISSENSCHAFTEN
ZU BERLIN VOM JAHRE 1888.

BERLIN 1889.

VERLAG DER KÖNIGL. AKADEMIE DER WISSENSCHAFTEN.

IN COMMISSION BEI GEORG REIMER.

Vorgelegt in der Sitzung der phil.-hist. Classe am 1. November 1888
[Sitzungsberichte St. XLI S. 1111].
Zum Druck eingereicht am 1. November 1888, ausgegeben am 25. Mai 1889.

Am 1. August 1887, als bereits der Satz der Indices zu meiner Ausgabe des von Kṛishṇadâsa verfaſsten persisch-sanskṛitischen Glossars, Namens Pârasîprakâça, begonnen hatte, erhielt ich durch die freundliche Vermittelung G. Thibaut's aus Benares eine erst in diesem Jahre, saṃvat 1944, jyesht(h)amâse kṛishṇapakshe 9 caṇdravâsare, auf 37 foll. (die Seite zu 8 Zeilen, à 40 aksh.) angefertigte Copie eines ebenfalls den Titel Pârasiprakâça führenden Werkes desselben Verfassers (vihârî-çrîKṛishṇadâsa), welches von ihm gleichfalls im Auftrage Kaiser Akbar's verfaſst wurde (çrîmahîmahendra çrîmad-Akavaraçâhakârita). Dasselbe ist aber nicht lexikalischen, sondern grammatischen Inhalts, resp. eine in Sanskrit geschriebene persische Grammatik.

Dies ist denn jedenfalls, rein an und für sich, ein interessantes Factum, und nimmt schon als solches, einfach vom Standpunkt der Culturgeschichte allein, unsere volle Aufmerksamkeit in Anspruch[1]), auch wenn für unsere Kenntniſs beider Sprachen selbst dabei nichts Besonderes herauskommen sollte; wie dies Letztere denn in der That wohl auch der Fall ist, obschon immerhin für die Aussprache etc. des Persischen in Indien sich vielleicht doch Einzelnes aus dieser Darstellung gewinnen läſst, was anderweitig bisher wenigstens nicht direct zu belegen war.

Der Autor zeigt im Übrigen durch dieses zweite Werk gleicher Art, daſs er sich wirklich nach Kräften es hat angelegen sein lassen, dem Befehle seines groſsen Kaisers gemäſs, den Indern das Persische zugänglich zu machen, und sind diese seine beiden Pârasiprakâça (der

[1]) ebenso wie die in Sanskrit geschriebenen canaresischen etc. Grammatiken (s. z. B. Ind. Streifen 3, 186). — Von welcher Bedeutung wäre für uns eine dgl., etwa von König Milinda (Menander) veranlaſste griechische Grammatik, ein Yâvaniprakâça!

Kürze halber bezeichne ich den bereits von mir publicirten, lexikalischen dgl. fortab mit **Gl.**, den vorliegenden grammatischen mit **Gr.**) ein sehr beachtenswerthes Glied in der Reihe derjenigen geistigen Schöpfungen, die auf Kaiser Akbar's Initiative zurückgehen.

Seiner Hingebung für seinen hohen Patron giebt Krishṇadâsa denn auch hier in den im Schol. zu den einzelnen Regeln beigebrachten Beispielen vollen Ausdruck: dieselben sind zu einem guten Theil auf Kaiser Akbar direct bezüglich und feiern seine Hoheit, Güte und Trefflichkeit.

Es ergiebt sich im Übrigen für den Autor hier aus **Gr.**, dafs er doch eben wirklich, cf. **Gl.** p. 111, auf dem Gebiete der indischen Grammatik eingehende Studien gemacht hatte[1]), nicht blos damit renommirt[2]), wenn er auch hiervon nicht ganz freigesprochen werden kann, da er mehrfach Pâṇinische Terminologie verwendet, wo sie nichts zu suchen hat.

Der Text ist nach indischer Art in sûtra abgefafst, und jedem sûtra folgt in der Regel ein ausführlicher Commentar. Es finden hierbei jedoch mehrfache Unklarheiten statt, da die sûtra nicht gezählt sind und die Grenzen von Text und Commentar, z. Th. vielleicht nur durch Schuld der leider ziemlich starken Incorrectheit der Abschrift[3]), mehrfach in einander übergehen. Es ist daher die von mir hergestellte Constituirung und Zählung der sûtra nicht durchweg als unbedingt sicher aufzunehmen.

Die Darstellung in den sûtra sowohl wie in der dazu gehörigen Erklärung ist vielfach in hohem Grade ungeschickt und schwülstig. Hie und da versucht der Vf. zwar wirklich den Pâṇinischen Styl nachzuahmen, cf. z. B. 4, 2-4. 9. 5, 1. 3-8. 7, 31, aber es steht damit sehr schwach. Sein ganzes Vorgehen erscheint überhaupt mehr als eine Art Carricatur und Satire auf Pâṇini, obschon er es selbst natürlich ganz ernsthaft meint. Wie er sich in der Regel (mit einigen Abweichungen, s. sogleich) der Pâṇinischen Terminologie bedient, freilich mehrfach in ungeeigneter Weise, so legt er auch Pâṇini's System unmittelbar seiner ganzen Darstellung zu

---

[1]) s. z. B. 7, 104; es hat ihn dies indessen nicht gegen einige arge Schnitzer geschützt, s. 7. 211 (avilâpayat). 213 (aprakshâlayat).

[2]) für den **Gl.** p. 75 ihm imputirten besonderen Fall von dgl. Renommage hat sich mittlerweile eine andere Lösung gefunden, s. das unten p. 9 zu 1, 1 Bemerkte.

[3]) s. z. B. bei 1, 17 2, 15 3, 26. 35. 58. 65. 83 4, 17 5, 4. 8 6, 19. 28 7, 29. 76. 78. 150. 177. 240(26) 241(49) 8, 10. 19. 21. 24(7) 27.

Grunde, schnürt das Persische in die Pâṇinische Zwangsjacke ein, und bringt es durch „Ausfall“ (luk, lopa), „Substitution“ (âdeça und „Zusatz“ (âgama) richtig auch fertig, die Flexionsformen etc. des Persischen auf Pâṇinischem Grund und Boden aufzubauen.

Neben der Pâṇinischen Terminologie, also z. B. noch: aṇ 6, 9, upadhâ 7, 20, upapada 8, 18, kartar 8, 1, karman 8, 18, kṛit 8, 2. 27, kvip 8, 22, jas 2, 3. 25. taddhita 8, 27. tip etc. 7, 2, dvitiyâ etc. 2, 5 fg. 4, 2 fg., bhâva 8. 7. 21, yushmad-asmadau 2, 21. 25. 27, vibhâshâ 2, 7, çatṛi 8, 21, sarvâdi 2, 13. 28, mit der er sich auch in Bezug auf den dhatupâṭha (s. 7, 10 fg. 8, 2 fg.) gut vertraut zeigt[1]), wie er ihr denn wohl auch das System der gaṇa Bildung entlehnt hat (s. 6, 21, 25. 8, 21. 25), zeigt der Vf. sich auch noch mit der Kâtantra-Terminologie bekannt, und verwendet einzelne Ausdrücke derselben[2]), so: âçis 7, 13, ekatva 2, 21, dvitva 2, 2, vahutva 2, 8. 21, kârita 7, 237, kriyâtipatti 7, 10, bhavishyantî 7, 12, linga Wortstamm 4, 2 çvastanî 7, 11, hyastanî 7, 8. 9, si 1, 1. 2, 1. 28 und zeigt auch noch anderweit einige Beziehungen dazu (s. 4, 1).

Endlich aber hat er auch einige ganz eigene termini technici. Und zwar theils solche, die nach Pâṇinischem Muster, auf Grund von dessen Regeln über die Bedeutung der stummen Buchstaben (zum Theil übrigens ganz unnöthiger Weise) gebildet sind, so ḍâ 8, 20, 26, ḍî 6. 2. 4. 8. 17. 7, 19. 21. 43. ḍum 1, 36, 37. ḍvi 8. 18, nok (?dok, duk?) 7. 29. ahan 8. 1. an 6, 12, tup ânip âmap 7, 7. ,dip sip amip 7, 9. syamip 7. 10, syatip syasip syâmip 7, 12, anam 7, 237. 238. 239, nam 7, 18, sum 7, 23, — theils aber auch solche, die ihm ganz selbständig zu eigen zu sein scheinen, so: am-âdi 5, 5, kriyâ (Conditionalis) 7, 78, ty-âdi 4, 9 8, 2 (4, 17?), dvitva Verdoppelung 8, 15, bhûtavat 8, 21, bhutârtha 7, 27, yâd-âdi 7, 22. 38. 83, linga Subjekt(?) 4, 2, vivakshayâ Einl. 3. 2, 1, sâdhanikâ 2, 1. 3. 16. sy-âdi 2, 1. 14. 30.

Das Werk zerfällt, nach einer kurzen Einleitung, in 8 Abschnitte.

[1]) hie und da weichen seine Angaben von dem des dhâtup. ab, s. bei 7, 86. 210. 240(29) 8, 11. 13. 15. 24(19).

[2]) einige davon kommen ja freilich auch aufserhalb des Kâtantra (obschon nicht bei Pâṇini) vor, s. Indische Streifen 2. 321 (1865), Böhtlingk ZDMG 41, 660. 661 (1887), andre jedoch nicht, und so ziehe ich denn vor, die Verwendung auch jener durch den Vf. eben seiner Kenntnifs des Kâtantra zuzuschreiben.

deren Reihenfolge denn freilich gleich von vornherein für den grammatischen Genius des Vfs. ein sehr kümmerliches Zeugnifs ablegt, wie folgt: 1. die Zahlwörter 1^b-4^a; — 2. die Declination 4^a-7^b; — 3. die Adverbia 7^b-8^b; — 4. der Gebrauch des Casus 8^b-10^b; — 5. die Composition 10^a-11^a; — 6. die secundäre Wortbildung 11^a-13^a; — 7. die Conjugation 13^a-34^a; — 8. die primäre Wortbildung 34^b-37^a. Von Rechtswegen sollte die Ordnung etwa sein: 2. 4. 1. 7. 8. 6. 5. 3!

Jeder Abschnitt wird durch eine den Inhalt angebende Überschrift eingeleitet. Ebenso geht auch der Einleitung noch eine Gesammtüberschrift voraus. Sie selbst besteht aus drei allgemeinen Regeln: 1. über den Mangel einer eigenen Pârasî-Terminologie, 2. über den Mangel des saṃdhi in der Pârasî, 3. über einen besonderen Fall von saṃdhi darin. Ist schon letzterer, wie wir sehen werden, sehr absonderlich und von geringem Sachverständnifs zeugend, so fehlen hierbei ferner verschiedene allgemeine Regeln, die im Verlauf gelegentlich nachgeholt werden, so über den Mangel des Duals, des Genus-Unterschiedes, der Medial-Endungen. Der Vf. zeigt eben auch hierdurch, dafs er seinem Stoffe in keiner Weise gewachsen ist, denselben weder richtig zu beurtheilen noch richtig zu disponiren vermag. — Immerhin aber ist denn doch nicht in Abrede zu stellen, dafs er sich mit der schwierigen Aufgabe, die er sich gestellt, redliche Mühe gegeben hat. Beruft er sich hier und da ja doch auch auf abweichende Meinungen, so z. B. 2, 15 7, 35 (keshâṃcin mate). 39 (!), so dafs ersichtlich ist, dafs er sich nach Kräften zu unterrichten gesucht hat. Theils aus diesem directen Hinweis, theils aus dem Umstande, dafs er gelegentlich, s. 6, (19). 21. 25 8, 24. 25 bestimmte gaṇa anführt, sich aber auf dieselben z. Th. gar nicht weiter einläfst, sie somit als bekannt voraussetzt[1]), geht resp. wohl hervor, dafs er bereits Vorgänger hatte, deren Arbeiten ihm als Vorlage dienten. Es scheinen sogar einige directe Citate vorzuliegen[2]), s. 4, 18. 5, 6.

Ehe wir nun zur Aufführung des Textes übergehen, ist noch Einiges über die darin vorliegende Umschreibung der Pârasî-Wörter

---

[1]) doch läfst sich die Sache event. auch anders auffassen, s. das dazu bei 7, 28. 8, 25 Bemerkte. [2]) auch finden sich einige Halbçloka im Texte selbst, s. 4, 17. 7, 55; — um Entlehnung handelt es sich eventualiter auch bei 5, 4.

(s. Gl. p. 21) vorauszuschicken[1]), wobei dem freilich das zu Bemerkende z. Th. vielleicht weniger dem Autor, als vielmehr dem Copisten gilt.

Was zunächst die Vocale anbelangt, so ist anlautendes *i* إ gelegentlich durch *ya*, resp. *ye* gegeben, s. 7, 98. 99; im Innern wechseln *i*, *î* und *e*: die Idhâfet wird principiell durch *e* gegeben, s. p. 8: — anlautendes *a* wird durch *a* oder *ya* vertreten, s. 2, 12. 7, 162. 163, inneres *a* einmal durch *e* (nevâyad) 8, 19: — *â* steht hier und da für inneres ع[2]), so sâsad صعصد 7, 240 (26), vâd بعد 3, 17.

Die vocallosen Consonanten erscheinen vielfach ohne virâma, also mit dem inhaerirenden *a* (cf. 2, 15. 6, 11; resp. p. 10 n. 2), und zwar im Innern wie im Auslaute: regulär z. B. wird *rar* geschrieben, nicht *rr* (s. 4, 7. 7, 151).

Was im Übrigen die Consonanten selbst anbelangt, so erscheinen die Sonantes zunächst hier und da als Tenues, so بزرگ 6, 1. 7, 33 mit *k* (4. 10 mit g), âdam auch als â*t*am 8, 18.

Finales *n* erscheint mehrfach als anusvâra[3]) s. 2, 5. 19. 26, ja als *m* selbst 2, 18, oder fehlt s. 3, 1, wird resp. umgekehrt auch hinzugefügt s. 1, 16. 2, 20. 3. 64, wofür sich 8, 3. 21 sogar besondere Regeln finden.

Die Vertretung von *kh* durch *sh* ist durchgehend. Ebenso die von *khr* durch *shr*: „nach Ansicht Einiger“ ist *khr* resp. einfach durch *sh* (d. i. *kh*) zu geben, s. 7, 35.

ش wird stetig durch *ç*, gegeben einmal auch durch *s* 6, 23: dagegen erscheint *ç* einmal auch für س s. 8, 9.

y steht u. A. für ج 7, 218. 234. 236, für ژ 1. 15-17. 20; *ya* resp. für ا und ع (s. ruvya 1, 35), event. auch (?) für finales s 3, 17: — gelegentlich steht auch *d* für ذ (ژ) s. 7, 128. 131 (126*j*).

Initiales ع erscheint als *a* (arabi 6, 2), oder *ya*[4]), auch als *j* (jajami 6, 2): ebenso inneres ع als *ya*, *â*, oder gar als *âya* (lâyanat 3, 68).

[1]) vgl. zum Folgenden Sachau's Angaben aus Albèrûnî in seiner Abh., „Indo-arabische Studien zur Aussprache und Geschichte des Indischen in der ersten Hälfe des elften Jahrhunderts“ (1888).

[2]) ebenso im Kshitîçavançâv. p. 61 (ed. Pertsch, 1852): Jâphara جعف.

[3]) ibid.: khâṃ خان.

[4]) ibid. p. 63: Neyâmata khâṃ نعمت خان.

Einleitung.

atha Pârasikaçavdavyâkaraṇaṃ nirûpyate: fortab die Grammatik der Pârasî-Wörter.

1. nâ 'tra saṃjnâgrâhaḥ[1]) । es giebt dabei keine eigne Terminologie, da, wie der Autor erklärend fortfährt, für eintretende Fälle die Sanskṛit-Termini zur Anwendung kommen: kvacid apekshayâ saṇskṛitasaṃjnayai 'va kâryasiddher vakshyamâṇatvât.

2. na saṃdhikâryam Pârasîkabhâshâyâṃ ca । auch giebt es in der Pârasîk. keine saṃdhi-Regeln; jedes Wort bleibt in seiner natürlichen Verfassung: prakṛityâ tishṭhati 'ti prakṛitisaṃdhir evâ 'tra valavân.

3. vivakshayâ Pârasîkabhâshâyâṃ svarasya ekârâdeço vyaṃjanasya ekârâgamo vâ vaktavyo nâmni parapade sati । wenn (jedoch) ein Nomen als zweites Glied (parapadam) folgt, dann kánn[2]) der vorhergehende Vocal ein *e* als Substitut (âdeça), oder der vorhergehende Consonant ein *e* als Zusatz (âgama), erhalten. So z. B.[3]): çâha Akavara çâhe Akavara ity-âdi. — Diese Angaben können sich nur auf die Idhâfet beziehen, die somit hier als eine rein lautliche Erscheinung, als eine Art saṃdhi, angesehen wird, ohne jedes nähere Eingehen auf ihre innere Bedeutung[4]). Denn die Bedingung, dafs ein nâman als parapadam (streng genommen eben nur: zweites Glied eines Compositums) folge, ist denn doch zu unbestimmt. Auch pafst das angeführte Beispiel (cf. 5, 10) dázu gerade nicht, da çâha mit Akavara nicht componirt, sondern nur demselben coordinirt ist. Die Idhâfet kommt bei der Verbindung zweier nur coordinirter Wörter zwar vor[5]), ist jedoch dabei nicht nothwendig. Von Interesse bleibt immerhin, dafs sie ausdrücklich durch *e*, nicht durch *i*, gegeben wird[6]): s. jedoch event. unten 6, 7 sowie p. 25 n. 7. 49 n. 2.

---

[1]) °grâha, für °grahaṇam. [2]) vivakshayâ „wenn man (so) sagen will“, d. i. beliebig; s. 2. 4 (cf. 4, 17. 12; *vâ* ist überflüssig). [3]) cf. unten 5, 10. [4]) cf. das zu 4, 15. 5, 5. 6. 7 Bemerkte. [5]) z. B. درخت اراک der Baum Erâk s. Rückert Grammatik .. der Araber p. 43 (ed. Pertsch 1874). [6]) *e*, nicht *i*, scheint im Übrigen, nach Pertsch's (fortab = P) freundlicher Mittheilung, auch die jetzige persische Aussprache zu sein; bei Biberstein-Kazimirski Dialogues Français Persans wird die Idhâfet stets durch *é* umschrieben.

§ 1.

athâ 'taḥ saṃkhyâçavdâ nirûpyante: nun die Zahlwörter.

1. Pârasîkât ser luk 1 nach einem Parasî-Wort tritt für *si* Ausfall ein. Diese an der Spitze stehende Regel ist sonderbarer Weise ohne Commentar gelassen, während sie doch gerade von der gröfsten Bedeutung ist und der Autor wiederholentlich auf sie zurückkommt. Neben dem bekannten Pâṇinischen terminus: luk für: Ausfall tritt uns hier ein dem Pâṇini unbekannter terminus: *si* entgegen. Und zwar ist darunter, wie unten das Schol. zu 2, 1 ergiebt, das Nominativ-Zeichen *s*, resp. der Nom. Singul., zu verstehen. Der Sinn ist somit: „das nominative *s* geht nach einem Pârasî-Wort verloren". Der Autor geht ja nämlich, wie bereits bemerkt und wie wir alsbald weiter sehen werden, durchweg davon aus, dafs die Pârasî dieselben Flexionsformen wie das Sanskrit hat. Den terminus: *si* hat er wohl aus der Kâtantra-Grammatik entlehnt, die denselben in der hier vorliegenden Bedeutung verwendet, s. Böhtlingk in ZDMG. 41, 666 (1887): sy-âdi heissen hier denn auch die Casus-Endungen überhaupt, s. 2. 1. 14. 28.

Ich bemerke hierzu noch, dafs mir Böhtlingk schon unter dem 1. November 1887, für das in Gl. v. 257 stehende: „*çir* akâraç ca .." vorschlug, zu lesen: „*si* 'r akâraç ca .." „bei *s* d. i. im Nominativ (*si* Locativ von *s*, Nominativ) werden *i* und *a* . . .", wonach dem Krishṇadâsa also dort in Gl. das einfache *s* selbst im Sinne von: (nominatives *s* d. i.) Nominativ gebraucht hätte. Die hiesige Verwendung von *si* dafür könnte eventual, dem gegenüber als eine Art Fortschritt erscheinen, insofern der Autor mittlerweile sich mit der Terminologie der Kâtantra-Grammatik bekannt gemacht hätte. Nothwendig ist dies jedoch nicht. Der Autor kann sich auch metri c. dort mit: *s* statt: *si*, resp. mit: *si* statt: *sau*, begnügt haben. Jedenfalls liegt die hiesige Regel bereits auch dort zu Grunde. Das nominative *s* fällt in der Pâr. ab, daher auch die Pâr. Wörter in Gl. z. Th. ohne ein solches *s* erscheinen. Aber auch die nunmehr am Ende derselben stehenden Thema-auslautenden Vocale: *i* (steht metri c. voran) und *a* sind nicht fest: na sthirau, sondern können in der Aussprache beliebig beibehalten werden oder wegfallen.

2. ekasya yak । für eka tritt یک ein. . . ity âdeço bhavati: —

3. dver[1]) dû । für dvi دو; —

4. treḥ se । für tri سه; —

5. caturaç cahâra câṛ ca । für catur چهار, چار: —

6. pañcânâṃ paṃja । für pañcan پنج: —

7. shaṇṇâṃ çaç[2]) । für shash شش; —

8. saptânâṃ haphta । für saptan هفت; —

9. ashṭânâṃ haçta । für ashṭan هشت; —

10. navânâṃ nuh[3]) । für navan نه; —

11. daçânâṃ dah । für daçan ده; —

12. yakâder[4]) yâja dahe । für یک usw. tritt یز ein, wenn ده folgt; also: yâjdaḥ یازده, elf; —

13. dver dvâ । für dvi steht (vor aj, s. 12) dvâ: dvâjdaḥ دوازده 12; —

14. [treḥ se][5]) । für tri steht (vor aj, s. 12) سی: sejdah سیزده: —

15. caturo nâ 'y । hinter catur tritt ay (resp. aj, s. 12) nicht an; 14 heifst also blofs: câṛdaḥ[6]) چارده, cahâṛdaḥ چهارده: —

16. pañcânâṃ pâṃy dahe[7]) । für 5 steht pâṃy vor daha, 15 پانزده; dazu die Bemerkung[8]), dafs bei Pârasî-Wörtern hie und da ein halber anusvâra zu sprechen ist: çavde Pârasîke kvacid ardhânusvâro vaktavyaḥ: —

17. [shaṇṇâṃ çâṃy dahe][9]) । 16 çâṃydah شانزده: —

18. saptânâṃ haphta dahe । 17 هفتده: —

19. ashṭânâṃ haçta dahe । 18 هشتده: —

20. navânâṃ noya dahe । 19 نوزده: —

21. daçabhir adhikâ daçe 'ti vîsta । 20 بیست; —

[1]) her Cod.: dvi, tri und catur sind hier, cf. auch 13. 15. als singulare Nomina (Masc.). die übrigen Zahlwörter dagegen richtig. flectirt; s. dagegen 23. 24. [2]) çaçû Cod.: û statt virâma; — in Bezug auf finales *a*. oder virâma. auf ṃc oder ñc u. dgl., schliefse ich mich möglichst genau der Handschrift an. einfach um die Willkür derselben zu kennzeichnen; cf. im Übrigen für den Autor selbst das so eben p. 9 zu Gl. v. 257 Bemerkte. sowie seine Angaben unten zu 2, 15. 6. 11. [3]) nuhû Cod. [4]) yakâde Cod. Diese Ausdrucksweise ist sehr inconcinn. es gehörte sich dém gegenüber auch ein: yâjâdi, denn für 12 etc. folgen zwar besondere Regeln. es hat aber dafür das in yâj steckende: *aj* (resp. *âj*?). von hier aus fort zu gelten (s. 15); der Schlufs desselben wird resp. in 15-17. 20 durch *y*. nicht durch *j* gegeben. [5]) es fehlt ein sûtram hierfür; nur der Comm. liegt vor: sejdaba trayodaçe 'ty arthe. [6]) câhâ° Cod. [7]) daḥ Cod. [8]) hier gerade ziemlich unmotivirt. da hier der anusvâra ganz zu Recht besteht. [9]) hier gilt dasselbe wie bei Regel 14 (not. [5]).

22. vistâder u yakâdishu | hinter vista usw. tritt *u* vor yak etc.: vîst u yak, vist u dû, vist u se, vist u cahâr, vist u pañja, vîst u çaç, vîst u haphta, vîst u haçta, vîst u nuh: —

23. trayâṇâṃ daçânâṃ samâhâre si | 30 سی: bei 31 usw. tritt resp. das *u* و ebenso hinzu, ukârâgamaḥ pûrvavat, also: si u yak, sî u dû, sî u se, sî u cahâr, sî u paṃja, sî u çaç, sî u haphta . . .: —

24. caturṇâṃ daçânâṃ samâhâre cihil, kvacic cil vâ[1]) | 40 چہل oder hie und da auch چل: und dann weiter: cihil u yak, cihil u dû, cihil u se, cihil u cahâr, cihil u paṃj[2]), cihil u çaç, cihil u haphta, cihil u haçta, cihil u nuha: —

25. paṃcânâṃ daçânâṃ samâhâre pañjâh | 50 پنجاہ, und zwar im Schol. ebenso durchgeführt: pañjâh u yak, paṃjâh u dû etc.: —

26. shaṇṇâṃ daçânâṃ samâhâre[3]) çasta | 60 شصت: ebenso durchgeführt: shaçt u yak ..; —

27. saptânâṃ daçânâṃ samâhâre haphtâd | 70 هفتاد; resp. haphtâd u yak etc.: —

28. ashṭânâṃ daçânâṃ samâhâre haçtâd | 80 هشتاد: resp. haçtâd u yak . .: —

29. navânâṃ daçânâṃ samâhâre navad | 90 نود: resp. navad u yak . .: —

30. daçânâṃ daçânâṃ samâhâre sa-dau | 100 صد: der Dual: sa-dau wird höchst sonderbar dahin erklärt: daſs *s* für das erste, *d* für das zweite der beiden daçan stehe! prathamadaçaṇçavdasya saḥ, dvitîyasya daḥ: — weiter: sad u yak 101, sad u dû 102, sad u se 103 etc. Dagegen: yak sad 100; — dû sad 200: kann resp. auch: duvesta دویست lauten, denn: dûçavdât parasya saḍçavdasya . (Platz für eine Silbe; wohl: *ve*) *stâ*deço vâ vaktavyaḥ, duvesta 200 çatadvayam ity a., also: „für das hinter dû stehende sad kann auch der âdeça: vesta eintreten“ (ebenfalls höchst sonderbar, da das ve doch nicht zu sad, sondern zu du gehört!): — ferner: sesad 300, cahârasad 400, pâṇsad پنصد 500, çaçsad 600, haphtasad 700, haçtasad 800, nuḥsad 900: —

31. daçânâṃ çatânâṃ samâhâre hayâr | 1000 هزار: —

32. lakshasya lakh[4]) | 100,000 لک, cf. resp. hindust. لاکہ.

[1]) cil va Cod. [2]) pañca Cod. [3]) hâra daçânâṃtaḥ Cod. [4]) lashû Cod.

33. koṭeḥ kurâri । 10 Mill. كرور; auch hier liegt ein hindust. Wort, entstanden aus koṭi selbst, vor, das trotz dieser Herkunft mit zwei *r* gesprochen wird (engl. crore); von Interesse wäre die Wiedergabe des: *o* durch *â*, doch liegt es nahe, direct *kurori* in den Text zu setzen: —

34. ardhasya nîm, same 'mçe nisphaḥ । halb نيم, gleiche Hälfte نصف: —

35. caturthâṅçasya ruvya । ein Viertel ربع; —

36. yakâdeḥ pûraṇe ḍum[1]) । zur Bildung der Ordinalzahlen tritt an yak etc. ḍum, d. i. *um*, an: yakâdeḥ saṃkhyâçavdât ḍum[2]) pratyayo bhavati pûraṇe 'rthe, yakasya pûraṇe yakum يكم. — Statt des *ḍ* der Handschrift bei: dum (beide Male) ist, wie in 37, *ḍ* zu lesen. Der Autor braucht das stumme *ḍ* vielfach (s. noch 6, 2. 3. 5. 8. 17. 7, 19), und zwar theilweise, so bei 7, 19, ganz in dem Sinne, wie es von Pâṇini und im Kâtantra gebraucht wird, s. Pâṇ. 6, 4, 143 Kât. 2, 6, 42, dafs nämlich bei Antritt eines *ḍit* davor der letzte Vocal sammt dem darauf event. noch folgenden Consonanten abfällt. Hier hat dies freilich keinen Sinn, und kann das *ḍ* hier etwa höchstens dazu bestimmt sein den vocalischen Anlaut des Affixes zu schützen; cf. noch das zu 6, 2 Bemerkte.

37. dû se ity etayor y-âgamo ḍumi vaktavyaḥ । دو und سه schieben vor *um* ein *y* ein, dûyoṃ (°yum!) دويم zweiter, sero[ṃ] (seyuṃ) سيوم dritter; — dann weiter: cahârum چهارم, pañjum, çaçum, haphtum, haçtum, nuhum, dahum, yâjdahum يزدهم etc., vistum, sîum, cihalum, pañjâhum, sadum, hayârum هزارم, saduyakum (101st), dahuyakum(elft!)[3]) vistuyakum (21st), sîuyakum (31st) etc.

iti çrîmad-Akavaraçâhakârite vihârî-Kṛishṇadâsaviracite Pârasîprakâçe saṃkhyâçavdanirṇayaḥ.

Dieser selbe Schlufs findet sich auch bei den übrigen §§, nur dafs dieselben nicht als: nirṇaya, sondern als: prakaraṇa bezeichnet werden. Zu dem Beinamen des Autors: vihârî s. das Gl. p. 76 Bemerkte.

---

1) pûṇo dum̧ Cod. 2) dum̧ Cod. 3) dahayanum Cod. kann dem Zusammenhang nach nur: dahuyakum دهويكم „elft" sein! eine sonderbare Bildung; wohl vom Autor selbst herrührend? دهيكى dahyak, one out of ten, ein Zehntel hat hier nichts zu suchen.

§ 2.

atha çavdaprakaraṇaṃ nirûpyate: nun die Declination[1]).

1. tatrâ "dau âphtâvaçavdât sy-âdivibhaktayo niyojyaṃte ı der Autor geht hier, ganz in der Weise der Laghukaumudî, die einzelnen Casus der dortigen Reihenfolge nach durch, und zeigt wie bei dem Wort âphtâva die Anfügung der Casusendungen „*si* usw.“ vor sich geht. Die Wahl dieses Wortes gerade beruht wohl darauf, dafs dasselbe in **Gl.** (über den Grund dazu s. daselbst p. 17) das erste Wort ist (**Gr.** und **Gl.** gehören eben unmittelbar zusammen). Dafs unter *si* die Endung des Nom. Sing. zu verstehen ist, dazu s. bereits 1, 1. — Es sollte nun also der Nom. Sing. von آفتاب eigentlich: âphtâv si lauten; nach 1, 1 aber tritt für *si* luk ein, derselbe lautet somit blofs: âphtâv: âphtâv si iti sthite „Pârasikât ser luk“ Pârasikaçavdât ser luk bhavati sarvatra, âphtâv. — Was nun weiter den Nom. Dual anbelangt, so lautet die nächste Regel:

2. Pârasîkabhâshâyâṃ dvitvâbhâvaḥ ı dahin, dafs die Pâr. keinen Dual kennt. Zu dvitva, Dual, als terminus der Kâtantra Gr. etc. s. Böhtlingk ZDMG. 41, 660 (1887). — Wir kommen somit sofort zum Nom. Plur.: derselbe sollte, vom Standpunkt der indischen Grammatik aus, lauten: âphtâv-jas; da aber nach:

3. jaso *hâ* ı jas durch hâ vertreten wird, lautet er: âphtâv hâ آفتابها. Streng genommen ist dies freilich zu eng, da dies *hâ* nicht blos für jas eintritt, sondern plurales Thema überhaupt ist. — Oder aber es kann[2]) nach:

4. âphtâvâder *ân*[2]) vivakshayâ vahuvacanasya ı im Plural nach âphtâv usw. beliebig[3]) (cf. schol. zu 15) auch *ân*[2]) als âdeça antreten: also: âphtâvân آفتابن: — diese Form ist somit richtig als für den ganzen Plural giltig angegeben (nicht wie *hâ* blos für jas). — Im Accusativ Sing. sollte aṃ antreten[4]), aber nach:

5. dvitîyâyâḥ shashṭhyâç ca râ ı tritt für den Accus. und den Genetiv (und zwar stillschweigend, was resp. dann auch für die fol-

---

[1]) só dem Inhalt des § nach; statt: çavdaprak. sollte man: nâmaprak. erwarten. [2]) *an* Cod.! [3]) vivakshayâ, beliebig. [4]) am iti sthite.

genden Casus gilt, im Singular wie im Plural) der âdeça *râ* را ein; also: âphtâva râ آفتابرا: und im Plural: âphtâvahâ râ آفتابهارا, oder âphtâvâṃ râ آفتابانرا, wobei das *n* als anusvâra zu sprechen ist(!): Pârasîke nasyâ 'nusvâro vaktavyaḥ[1]). — Als Instrumental-Endung tritt nach:

6. tṛitîyâyâṃ vâ. asya pûrvanipâtaç ca । vâ با ein, und zwar steht dasselbe vór dem Worte. also: vâ âphtâva, vâ âphtâvahâ, vâ âphtâvân: —

7. vaç ca vibhâshâyâṃ[2]) । oder es kann auch va ب dafür stehen, also: va âphtâva بآفتاب, va âphtâvahâ, va âphtâvân. — Im Dativ tritt nach:

8. caturthyâ varâyaḥ । varâya برای[3]) vor das Wort, also: varâya âphtâva, varâya âphtâvahâ, varâya âphtâvân: tasya pûrvanipâtaç ca gilt hier, und weiter, aus 6 fort. — Im Ablativ tritt nach:

9. aya paṃcamyâḥ । aya از ein, also: aya âphtâva از آفتاب, aya âphtâvahâ, aya âphtâvân. — Der Genetiv ist schon beim Accusativ erledigt (s. Regel 5). — Für den Locativ tritt nach:

10. saptamyâ dara । dar در ein, also: dar âphtâva, dar âphtâvahâ, dar âphtâvân. Oder aber:

11. upari var । es tritt im Sinne von[4]): „oben, auf" var بر davor, var âphtâva, var âphtâvahâ, var aphtâvân. Ebenso: var aspa[5 u. 6]) بر اسپ, var phîla بر فيل, var devâra بر ديوار, var koh بركوه, var darakhta[6]) بر درخت usw. — Im Vocativ tritt nach:

12. saṃvodhanâbhivyakta(°ktaye?) ye ca । ye اى ein, resp. davor, ye âphtâva اى آفتاب ye âphtâvahâ, ye âphtâvân. Hier ist die Umschreibung von اى durch *ye* auffällig; das *y* vertritt hier also das initiale ا, cf. 7, 61 yaphtad für افتد; bei 4, 3 finden wir im Übrigen blofs: *e* als Vocativ-Marke. — Oder sollte mit *ye* hier etwa die Partikel: يا yâ gemeint sein? da wäre dann aber wieder die Aussprache des *â* als *e* sehr auffällig. — Für saṃvodhanâbhivyakta weiss ich mir keine andre Hülfe, als die Annahme, dafs vor *ye* das finale *ye* von °ktaye ausgefallen ist.

So sind alle Pârasîçavda zu behandeln. Also z. B.: Nom. çâha çâhahâ çâhân, Acc. çâharâ çâhahârâ çâhâṃrâ[1]), Instr. vâ (oder va) çâha

---

[1]) sehr kurz und bündig! ohne Angabe besonderer Modalitäten; cf. unten bei 2, 18, 26. [2]) °yâḥ Cod. [3]) nach dem Schol. zu 4, 10 auch vâ با. [4]) im Text sollte: upary-arthe stehen. [5]) aspha Cod. [6]) darashta Cod. (alle diese Beispiele ohne Übersetzung).

(vâ oder) va çâhahâ vâ çâhân va çâhân, Dat. varaya çâha varâya çahahâ varâya çâhân. Abl. aya çâha aya çâhahâ aya çahân, Gen. wie Acc., Loc. dar çâha dar çâhahâ dar çâhân, Voc. ye çâha ye çâhaha ye çahân. Oder: Akavara (wird ebenso durchflectirt. auch im Plural!). Der Autor geht nun zu den Pronominen über. Nach:

13. sarvâdiçavdânâm âdeçamâtraṃ viçishyate, sâdhanika tu pûrvavat । differiren dieselben nur in Bezug auf die (Thema-)Substitutionen, die Flexion dagegen ist dieselbe. Und zwar tritt nach:

14. sy âdau hamaḥ sarvasya । vor den Endungen des Nom. Sgl. etc. für sarva: hama هم ein (gemeint ist: همه, s. aber Regel 15): sarva çavdasya hama ity âdeço bhavati sy-âdivibhaktau parataḥ (eigen ausgedrückt, statt parâyâm, cf. Regel 26) Pârasîkabhâshâyâm. Einige pflegen nun nach:

15. akârâṃtaçavdoccâraṇârthe vyaṃjana-dakâram ardhoccâritaṃ paṭhaṃti । behufs der Aussprache eines auf *a* endenden Wortes ein consonantisches (!) *d* (danach) halb auszusprechen, also: hamada همد. Doch ist dies nicht die Ansicht des Autors, der es vielmehr bei dem Auslaut auf *a* bewenden läfst: atrâ 'kârâṃta eva pâṭho 'smâkaṃ. Also: Nom. hama, hamahâ (nicht: hamân, denn: *du*[1]) kvacin *na* bhavati). Acc. hamarâ hamahârâ etc., durchflectirt bis zum Voc.: ye hama ye hamahâ. — Hier ist denn zunächst bemerkenswerth, dafs der Autor, seinem Schematismus zu Liebe, um des Skt. terminus: sarvâdi willen, die Aufzählung der Pronomina eben mit hama = sarva beginnt. Sodann aber ist die Regel 15 höchst eigen, ja räthselhaft. Hier hilft, scheint mir, nur ein Radical-Mittel, im Text nämlich: *ha*-kâram zu lesen statt: *da*kâram[2]), und im Schol.: hama*ha* statt: hama*da*, und zu übersetzen: um das Wort, nämlich hama, als auf *a* auslautend auszusprechen, fügen (Einige) dahinter ein consonantisches (so käme auch diese befremdliche Bezeichnung zu Ehren, im Gegensatz zum visarga etwa?) halbes *h* an-, sprechen es also nicht blos: hama هم, sondern (mit s occultum): hamaḥ همه. Der Autor bleibt aber bei hama[3]). — Die folgenden Pronomina führt er in eigener Reihenfolge auf:

[1]) *au* Cod. [2]) für *da* cf. etwa بکذو, بکذی aus بکد mit او resp. ای: doch pafst dies hier nicht her (das *d* von بکد ist resp. Rest von paiti). [3]) zu finalem *a* s. resp. oben p. 9. 10, und unten 6. 11.

16. svasya khud । für sva steht khud[1]) خود; Flexion wie bisher sâdhanikâ tu pûrvavat.

17. anyaçavdasya digar । für anya steht دگر (دیگر): und zwar: digara, digaralıâ, digarân ity âdi).

18. esâm etado vahutvaṃ ca । für etad steht esâm ایشان, und zwar als Plural[2]). — Zu -vahutva, als einem der Kât. Gr. etc. bekannten terminus, s. Böhtlingk ZDMG. 441, 661. — Hier ist das finale *m* anstatt *n* auffällig. Factisch ist ja ایشان aus aêshãm (Gen. Plur. des Stammes *a*) hervorgegangen[3]), endet somit allerdings eigentlich auf *m*. Auch ist das genetivische ãm (anãm) überhaupt die Grundform der Plural-Endung ان. Trotzdem ist es aber doch nur ein reiner Zufall, dafs der Autor seinerseits hier dieses alte *m* anscheinend restituirt. Im Schol. steht übrigens auch nur bald esâṃ (s. bei 2, 5), bald esân, nämlich: Nom. esâṃ, Acc. esâṃ râ, Instr. vâ esân, va esâṃṃ, Dat. varâya esân, Abl. aya esân, Gen. esâṃrâ, Loc. dar esân. Der Autor bemerkt dabei resp. am Schlusse, dafs es einen Vocativ für die Pronomina: etad usw. nicht gebe: etadâdeḥ saṃvodhanâbhâvaḥ.

19. adasa uvâ । für den Stamm adas (amu) „jener", tritt uvâ, d. i. doch wohl اُوی (uvî, ûi!), ein: adaşçavdasya uvâ ity âdeço bhavati.

20. û ûn vâ[4]) । oder: û او, resp. ûn اون: û ist zd. ava, ûn resp. wohl auch nur اُو, aber mit nasalischem Ausklang[5]); das Schol. hat, indem es nun das Thema durchdeclinirt, bald: u, û, bald ûṃ (zu ṃ s. 2, 5), bald ûṃ, ûna: es heifst nämlich darin zunächst: û asau ity arthe, pakshe ûna sa evâ'rthaḥ, und dann geht die Flexion weiter vor: N. Pl. uhâ ûṃhâ: Acc. urâ ûṃrâ, Pl. uhârâ ûṃhârâ; Instr. vâ u va u vâ ûn va ûn, Pl. vâ uhâ va uhâ vâ ûṃhâ va ûmahâ; Dat. varâya u varâya ûn, Pl. varâya uhâ varâya ûṃhâ: Abl. aya u aya ûn, Pl. aya uhâ aya ûṃhâ; Gen. urâ uṃrâ uhârâ ûṃhârâ: Loc. dara u dar ûn, Pl. dara uhâ dara ûṃhâ.

---

[1]) shud Cod. [2]) tasya vahuvacanâṃtatvaṃ. [3]) mit den Nominativen: esha, eshâ (Thema: etad) hat es nichts zu thun (cf. Vullers Gr.[2] p. 195).
[4]) ûnanvavâ Cod. pr. m., ûna u vâ sec. m.; adasa u ûn ve 'ti u ûn-âdeçaḥ Schol. zu 28.
[5]) cf. 1. 16: oder denkt der Autor etwa an hindust. اُن *un* „those, they; he, she, it"; oder aber, liegt hierbei etwa nur die vulgäre dunkele Aussprache von *a* durch *u* vor? s. Chodzko Gr. Pers. p. 7, ûn also = ان? cf. hamûn für hamân in 3, 55; und s. noch 3. 64.

21. adasa[1]) ân ea ı für adas kann auch ân آن stehen: Flexion: N. ân. Plur. aṃhâ. Acc. âṃrâ[2]). Pl. âṃhâra usw. (ityâdi).

22. idama in ı für idam tritt in این[3]) ein: Flexion: Nom. Pl. iṃhâ: Acc. iṃrâ, Pl. iṃhârâ: Instr. vâ in va in. Pl. vâ iṃhâ va îṃhâ: Dat. varâya ina, Pl. varâya iṃhâ: Abl. aya in Pl. aya iṃha: Gen. wie Acc.: Loc. dar in. Plur. dar iṃhâ.

23. kimaḥ ke ı für kim tritt كه ein: Flexion: Nom. ke. kehâ: Acc. kerâ kehârâ: Instr. vâ ke va ke vâ kehâ va kehâ: Dat. varaya ke varâya kehâ: Abl. aya ke aya kehâ: G. kerâ kehârâ: L. dar ke dar kehâ.

24. yushmad-asmados to manu ekatve çumâ mâ vahutve ı Pron. 2 p. Sgl. تو Pl. شما, Pron. 1 p. Sgl. من Pl. ما: — die Aufführung der zweiten Person an erster, der ersten Person an zweiter Stelle ist aus Pâṇini entlehnt: — zu ekatva „Singular“ s. Böhtlingk l. c. (bei 2, 2).

25. yushmad-asmador jaso lopo vaktavyaḥ ı im Nom. Plur. findet für beide Pronomina Ausfall des jas statt, resp. die Substitution des ش dafür tritt nicht ein: die Formen çumâ und mâ genügen (gelten im Übrigen aber, ganz wie dies in Bezug auf Regel 3 selbst der Fall ist, nicht blos für den Nom. Plur., sondern für den ganzen Plur.). Also: Acc. Sing. 2. p. torâ تورا(ترا): bei der ersten Person geht resp. nach:

26. mano nalopo râ parataḥ[4]) ı das n von man vor râ verloren, also: marâ مرا (nicht: manrâ): — Acc. Plur. çumârâ, mârâ; Instr. vâ to vâ man, vâ çumâ vâ mâ: Dat. varâya to varâya man, varâya çumâ varâya mâ: Abl. aya to ay man, ay çumâ (ay mâ ausgelassen): Gen. wie Acc.: Loc. dara to dar man, dar çumâ dar mâ. — Hieran knüpft der Autor sonderbar genug die sehr weittragende Regel, daſs (cf. 4. 1):

27. yushmad-asmador iva Pârasikaçavdânâṃ na liṃganiyamaḥ ı wie im Sansk. bei yushmad und asmad so auch bei den Pârasî-Wörtern überhaupt kein Genus-Unterschied stattfindet. — Danach kehrt Krishṇ. wieder zur Pronominal-Flexion zurück:

28. sarvâdeḥ saptamyâ jâ ı im Loc. tritt bei sarva etc. *jâ* جا, eig. جاى, an, also sarvasmin hamajâ همجا (resp. همجا), im Sinne von sarvatra, asmin iṃjâ اينجا = atra, amushmin iti adasa .. ân ve- ti

[1] adas Cod. [2] âṃrâ fehlt Cod. [3]) aus ena. [4]) patataḥ Cod.; eigene Ausdrucksw(eise) (s. bei 2. 11): Schol.: râ ity asmin pare.

(s. 20) u ùm-àdeçaḥ, ujà اوجا ùṇjà اونجا; adasa *ân* vâ, âṇjà انجا = amutra; und zwar lautet nach:

29. kasminn iti kimaḥ kujâdeçaḥ । diese Form beim Fragestamm: kujâ كُجا = kutra. — Hierauf folgen im Schol. noch die Worte: harija caṇdajà ity-âdi; also: چندجا هرجا. Nun, چند how much in Verbindung mit جا ist an sich zwar ganz correct gebildet, liegt mir aber in den mir zur Disposition stehenden [1]) grammatisch-lexikalischen Werken nicht vor (ebenso wenig wie اوجا, اونجا). Es sind im Übrigen nach:

30. hamajàdeḥ punaḥ sy-àdir vaktavyaḥ । alle diese nach 27-29 gebildeten Locative (auch) als selbständige Wörter zu behandeln, resp. regelrecht zu flectiren [2]), also: Nom. hamajà, Plural(!) hamajàhâ; Acc. hamajàrà [3]) hamajàhàrà [3]) ity-àdi.

Zum Schlufs kommt der Autor nochmals auf die Nominal-Declination zurück, und declinirt *mard* مرد als Paradigma durch; weshalb? ist nicht angegeben; ob etwa, weil es sich hier um ein auf doppelte Consonanz ausgehendes Wort resp. um den Plural auf *ân* handelt? Es heifst eben schlankweg nur: mardaçavdo 'sti, Pârasîkàt ser luk, marda, marda jas iti sthite vahuvacanasyà "n mardân, çeshaṃ pùrvavat: mardarâ mardânrâ, và marda và mardàn, varàya marda varàya mardàn, ay marda ay mardân, shashṭhî dvitìyàvat, dar marda dar mardàn, ye marda ye mardàn, ity-àdi.

iti mahìmahendra-çrìmad-Akavara .. kàçe çavdaprakaraṇam.

§ 3.

athà 'vyayà(ni), nun die Indeclinabilia.

Unter den hier aufgezählten 84 Wörtern sind mir mehrere (cf. 5. 7. 26. 35. 58. 65) theils überhaupt ihrer Form (in Folge des incorrecten Zustandes der Handschrift) und Bedeutung nach unklar, theils wenigstens ist ihre indeclinable Verwendung mir nicht belegbar. Auch finden sich allerhand Wiederholungen, s. 1. 5. 17. 20. 22. 24. 28. 33. 57. 66. 69. 74. 76. 84. — Dies ganze Cap. ist im Übrigen ohne Erklärung gelassen; die sùtra stehen für sich allein da.

[1]) diese Einschränkung gilt hier durchweg bei meinen derartigen Bemerkungen.

[2]) ! es ist dies eine sehr eigenthümliche Angabe! wenn همه جا flectirt wird, steht جا nicht mehr als Affix: saptamy-arthe, sondern ist ein selbständiges Wort.

[3]) hamajàrà Cod. doppelt (°jàhàrà fehlt).

1. ìcini hamacini evam-arthe । es ist beide Male wohl °niṇ zu lesen, cf. اینچنین inc*unin* und همچنین hamc*unin*, in this manner, thus, in like manner: — zu evam s. noch 28.

2. hamarâha sahâ-'rthe । همراه with, along with: — s. 4.

3. mâ man nâ[1]) ve nishedhâ-'rthe । negativ: مه no, من weg von, from, without, against, نه no, بی without.

4. vâ va sahâ-'rthe । با و und به[2]), bei; — s. 2.

5. sahîḥ iti[3]) satyâ-'rthe । wahrhaftig, صحیح truly; — cf. 74.

6. haṃ apy-arthe samânâ-'rthe ca । هم, auch, gleichfalls.

7. îṃ haṃ hamyamân hamniçîṇ haṃsahari hamî hamîn evâ-'rthe । eva, eben, gerade wird gegeben durch: این this, thus, هم even[4]): die übrigen Wörter: همین gleichzeitig, همنشین a companion, همشهری a fellow townsman, همی die Verbalpartikel (Vorsatz bei Praesens etc.), همین only, solely, stehen theils, mit Ausnahme der beiden letzten, der Bedeutung: eva fern, theils sind sie, auch wieder mit Ausnahme der beiden letzten, überhaupt als Indeclinabilia nicht üblich: همی entspricht gewissermaafsen dem skr. sma (das freilich stets hinterdrein folgt).

8. ci kim-arthe । چه wie?

9. ki praçnâkshepa-vitarkayoḥ । کی who? what? which?: unter praçnâkshepa, Fragen-Aufwerfen, ist hier wohl das که gemeint, das zur Einführung einer directen Rede (Frage) gebraucht wird? vitarka bedeutet das Zweifeln, bei-sich-selbst-etwas-Überlegen.

10. andak manâg-arthe[5]) । اندک little, few, small.

11. visiyâṛ vahv-arthe । بسیار viel.

12. aṃdarûṇ aṃtarâ-'rthe । اندرون dazwischen, darin.

13. verûṇ vahir-arthe । بیرون draufsen.

14. agaṛ ced-arthe । اگر wenn.

15. tâ tâvad-arthe । تا bis.

16. judâ prithag-arthe । جدا getrennt, abseits.

17. vâḍ vâday paçcâd-arthe । بعد nach, nachher, بعدی[6]), oder ob: از بعد?; — paçcat kehrt 57. 76 wieder.

---

[1]) ?mâ ma nâ Cod. [2]) mit او giebt dies: بدو; s. oben p. 15 not. [2]. [3]) ? sahîti Cod.: zu iti s. 29. 33. 36. 42. 48-53. 56. 77. [4]) oder ob zu verbinden? این هم = sa eva. [5]) manâk arddhe Cod. [6]) finales *h* durch *y* vertreten!

18. carà kim-arthe । weshalb? چرا.

19. hameshaḥ [1]) sadâ-'rthe । stets هميشه.

20. gâhe kadâcid-arthe । einmal گاهى; kadâcit nochmals 66.

21. gair vinâ-'rthe । ohne غير.

22. gairahâ [2]) anyatrâ-'rthe । anderswo, غيرها: die ganze Regel erscheint unter 69 nochmals.

23. yûd çighrâ-'rthe । schnell زود.

24. jînahâr çaraṇâ-'rthe । im Sinne von: Schutz زينهار take care! defence, protection; — cf. Regel 70.

25. nigâha darçane । نگاه look, aspect: hier also wohl: sieh da!

26. niçânir ṇâtivâdhe । hier ist der Text verderbt: ich denke an نشانى „Zeichen, Marke" und lese: niçânir nâ-'tivâ-'rthe, Marke im Sinne von: nicht zu sehr, d. i. bis hierher, s. Regel 52; نشان mit dem ى der Einheit, Unbestimmtheit, ein Zeichen, eine Marke.

27. cigûna kimivâ-'rthe । wie wohl? چگونه.

28. ham evam-arthe । ebenso هم; — evam war schon in 1 da, und ? für *eva* in 7.

29. kas kaçcid ity arthe । irgend Jemand كس.

30. gum tiro-'rthe । abseits: گم lost, invisible.

31. der cirâ-'rthe । lange دير.

32. hajâ pratyakshâ-'rthe । „vor Augen, deutlich"; cf. etwa: هذا this.

33. kavûl ity aṃgîkâre । قبول „abgemacht"; aṅgîkâre nochmals in 84.

34. dî anaṃtaragatadivase । gestern[3]) دى.

35. po gatânaṃtaradivase । statt: po ist wohl mit P: *pare* پرى zu lesen, Abkürzung von پرير (36); „an dem unmittelbar zu dem vergangenen gehörigen Tage" soll doch wohl eben „vorgestern" sein?[4]).

36. parer paradyur ity arthaḥ[5]) । پرير bedeutet: vorgestern; paredyus aber bedeutet: morgen.

---

[1]) ?hamepâha Cod. [2]) gauraha Cod. [3]) wörtlich: am letzt vergangenen Tage, eine sehr ungeschickte Ausdrucksweise statt des einfachen: hyas; cf. 35. 39. 40. [4]) sehr schwulstig; s. 34. 40. [5]) ! statt: arthe; paradyuḥ statt paredyuḥ ist eventual. blos Fehler der Copie.

37. pharadâ[1]) anaṃtarâgatadivase[2]) । فردا morgen.

38. paṣ pharadâ dvitiyadivase । پس فردا übermorgen.

39. pâr anaṃtaragatavarshe[3]) । im letztvergangenen Jahr پار.

40. payerâṛ gatânaṃtaravarshe[3]) । „im vorletzten Jahre", پیرار. cf. skr. parâri „im drittletzten Jahre" (es steckt in diesen Wörtern unser: Jahr, zd. yârĕ).

41. dareṃg ahamâl ciraciràrthe । درنگ delay, hesitation, اِهْمال ihmâl negligence, carelessness, delay: dies mufs also hier für den Autor auch die Bedeutung von: ciracira sein.

42. hâ hai ity etau çokapaçcâttâpâdy-arthe । ها, هی als Interjectionen bei Kummer, Reue etc.

43. tauṛ prakârâ-'rthe । طور mode, manner, condition: wohl „nach Art von"?

44. vâẏ punar-arthe । بز wiederum.

45. yâ[4]) vikalpâ-'rthe । oder يا.

46. va[5]) câ-'rthe । und و.

47. heç nakiṃcid-arthe । nichts هيچ.

48. nesta ne nâ'stî'ty-arthe । „nichts da" نيست, nein نی, نه no, not, neither.

49. hasta astî'ty-arthe । „vorhanden!" هست.

50. alavattaha avaçyam[6]) ity-arthe । unbedingt: اَلْبَتّه certainly necessarily, in every manner, altogether.

51. va katham ity-arthe । wie? etwa وه ah! alas! واه desgl., Ausruf der fragenden Verwunderung.

52. kadari mekadâṛ ity etau parimâṇollekhe । beim Angeben eines Maafses (durch Striche, cf. Regel 26?): قدری a small quantity, مقدار quantity, measure.

53. caṃda kiyad ity-arthe । چند wie viel?

54. caṃdâṇ nânâ-'rthe । vielerlei چندان.

---

[1]) pharardâ Cod. [2]) wiederum sehr schwulstig, „an dem unmittelbar herangekommenen Tage", statt des einfachen: çvas. [3]) schwulstig! cf. 34, 35. [4]) yâḥ Cod. [5]) vâ Cod. [6]) avapapam Cod.

55. hamûn[1]) hamîn parichede | entschieden, genau so, همون (vulgär für همان, cf. p. 16 n. 3) exactly so, همین only, solely.

56. râha niyâj[2]) garaja makasûd ity ete prayojanârthe | im Sinne von: Verwendung, Zweck: راه way, custom, fashion; نیاز inclination, wish; غرض design, intention: مقصود intention, purpose, object.

57. vadaryâ[3]) paçcâd-arthe | hinten, cf. بدریا دادن to remove out of sight (eig. to give to the sea); — zu paçcât s. noch 17 u. 76.

58. hari paraçavdârthavyaktîkaraṇe | was die Worte „bei der Klarstellung des Sinnes eines fremden (oder: nachfolgenden?) Wortes resp. Lautes" bedeuten, ist mir theils selbst unklar; theils passen dazu auch weder هر „every, all, each", noch هرین a voice, noise, sound, noch giebt etwa: *dari* einen Sinn; — statt: hari etwa (so P): yâni یعنی „d. i." zu lesen, liegt leider zu weit davon ab.

59. vadara niḥkâsane | hinaus بدر without, out of doors.

60. daṛ praveçane | hinein, in در.

61. çâyad yogye 'numâne[4]) ca | „entsprechend" und „beim Folgern" شاید, s. Gl. 1054.

62. pârâ dvidhâ-'rthe | „in zwei" پاره piece, fragment, mit دردن to tear in pieces.

63. îṇ sâkshâd-arthe | „vor Augen" این this, cf. اینک ecce.

64. ûṇ viprakṛishṭârthe | fern eig. wohl „dort" cf. 2, 20. 28.

65. po pâdapûraṇe | po als Versflickwort!?? das in den indischen Mss. als handschriftliches Füllsel übliche *pa*, cf. Ind. Stud. 16, 2, kann hier nicht in Frage kommen, da es mit der Pârasî nichts zu thun hat. — Ob etwa: *vo* zu lesen? vulgäre Aussprache, s. p. 24 n. 3, für به? oder ist etwa (so P): *go* „sprich" گو gemeint? s. über dessen scheinbar überflüssige Verwendung Rückert a. a. O. p. 52. 53.

66. kaye kadâcid-arthe | irgend einmal; wohl: کی when?; — kadâcit war bereits da, s. 20.

67. hâl adhunâ-'rthe | jetzt; cf. الحال oder حالا now.

68. lâyanata malâmata dhig-arthe | Pfui! لعنة imprecation, curse, anathema; ملامة blameable, ignoble.

---

[1]) hamṇ Cod. [2]) tiyâj Cod. [3]) vâd° Cod. [4]) yogya 'nu° Cod.

69. gairaḥâ[1]) anyatrâ-'rthe । anderswo, غيره: — das ganze sûtram war schon einmal da, s. 22.

70. jinahâra kathaṃcid-arthe । so gut es geht رسر by all means, verily: — cf. Regel 24.

71. mavâdâ (na-)kadâcid-arthe[2]) । niemals مبادا by no means! (es ist somit eben na-kadâ zu lesen).

72. valak anumâne । beim Folgern (s. 61): بلك، بلكه but.

73. duroga mithyâ-'rthe । fälschlich دروغ.

74. râsta satyâ-'rthe । richtig راست; — cf. Regel 5.

75. rojâ vratâ-'rthe । Fasten روزه; vrata eig. Gelübde.

76. paṣ paçcâd-arthe । hinten پس: — zu paçcât s. 17. 57.

77. peç purata ity-arthe । vorn پيش.

78. mayâṇ madhyâ-'rthe । mitten ميان.

79. salâyâ cûrṇîkaraṇe । beim Zermahlen. cf. صلايه a mortar.

80. vuj çaucâ-'rthe । „bei Reinigung“: statt: vuj ist wohl mit P: vujû zu lesen, cf. p. 10 n. 2. 3, nämlich: arab. وضُو, water used for ablutions, وضو—ختن to wash the whole body, as a purification from sin.

81. nimâja nityakarmaṇi । „bei feststehendem Brauche“, نماز prayers (prescribed five times a day), s. Gl. 493. 1053.

82. ganimata dharmapûrvakavastulâbhe । „bei ehrlichem Erwerbe“ غنيمة carrying off booty, making a fortunate hit.

83. aṣ sattrâtâyâṃ[3]) । as „bei Überfülle“(?): ob etwa: arab. أث „luxuriant“? oder ob (cf. 80): asû zu lesen? arab. أشب „being thick and entangled“ (a plant)? Beide Wörter sind hier unsicher, resp. unklar.

84. âre aṃgîkâre । „bei Einwilligung“ آري yes: s. 33..

iti çrîmahîmahendra-çrîmad-Akavara ... kâçe avyayaprakaraṇam ॥

§ 4.

atha kârakaprakaraṇaṃ nirûpyate; nun der Gebrauch der Casus.

Dieser Überschrift geht aber noch eine kurze Bemerkung voraus, die bereits durch 2. 27 erledigt ist, resp. auch keiner besondern Erklärung gewürdigt wird, dafs nämlich

[1]) gaurah Cod. [2]) na fehlt Cod. [3]) ? saáttâyâṃ Cod.; meine Conjectur dafür: sattrâtâ ergiebt auch nur ein sehr absonderliches Wort!

1. Pârasîkabhâshâyâṃ strîpratyayâ na dṛiçyaṃte ı in der Pâr. keine Feminin-Affixe vorliegen. — Hierauf folgt dann also, s. soeben, die Überschrift dieses §, und die erste Regel desselben lautet:

2. liṅgârthe prathamâ saṃskṛitavat ı der Nominativ steht wie im Saṃskṛit zur Bezeichnung des Nominalstamms. Der Autor erklärt: liṅgârthe einfach durch: çavdârthe „Wortbedentung"; vgl. aber Kât. 2, 4, 19: prathamâ vibhaktir liṅgârthavacane, und s. die Erklärung von linga ibid. 2, 1, 1 als: Nominalstamm[1]) (dhâtuvibhaktivarjam arthaval liṅgaṃ); cf. Böhtlingk ZDMG 41, 661. — Als Beispiel dient folgender Satz, dessen Inhalt, wie der mehrerer folgender dgl. Sätze, für den Autor und sein Werk charakteristisch ist: hajarata çâhe[2]) Akavara der ve[3]) mânada, çrî Akavaraçâhaç ciraṃ jîvatu, حضرت شاه اكبر دير به ماند Se. Majestät Shâh Akbar lebe lange! — Die folgende Regel ist direct aus Kât. 2, 4, 18 entlehnt:

3. âmaṃtraṇe ca ı der Nominativ steht auch bei der Anrede. Beispiel: e[4]) hajarate[5]) çâhe[1u.5]) Jalâluddîṇ[6]) dastagîra çava marâ daṛ dîn u[7])duniâṃ اى حضرت شاه جلال الدين دستگير شو مرا در دين و دنيا he çrî çâha Jalâladîna[8]) mama hastâvalaṃvaprado bhava amutre 'ha ca ı „o Majestät Fürst Jalâluddîn! sei mir Beschützer[9]) in geistlichen und weltlichen Dingen, oder wie Kṛish. übersetzt: „jenseits und hier (auf Erden)".

4. çeshâḥ[10]) kârye sâdhane dânapâtre viçleshâvadhau saṃvaṃdha âdhâra-bhâvayoḥ[11]) ı die übrigen Casus werden gebraucht: der Accus. kârye, Instr. sâdhane, Dativ dânapâtre, Abl. viçleshâvadhau, Genet. saṃbaṃdhe, Loc. âdhâra-bhâvayoḥ.

---

1) = prâtipadika bei Pâṇini; cf. P. 2, 3, 46 „prâtipadikârthaliṅgaparimâṇavacanamâtre prathamâ; s. dazu Böhtlingk ZDMG. 41, 179.

2) für das *e* s. das oben p. 8 zu Einl. Regel 3 Bemerkte.

3) *vo* Cod. (vulgäre Aussprache? cf. 3, 65). 4) cf. 2, 12 (wo: ye).

5) auch hier also die Idhâfet. 6) jallâdînu Cod. 7) dîn *a* Cod.

8) jall° Cod.; „glory of religion", Beiname Akbar's.

9) „die Hand zur Stütze reichend" nach der Sansk. Übersetzung; eigentlich aber bedeutet دستگير „die Hand nehmend", secundär jedoch auch: assistant, patron.

10) cf. Kâtantra 2, 4, 19 (çeshâḥ karma-karaṇa-saṃpradânâ-'pâdâna-svâmyâdy-adhikaraṇeshu). 31 (kâlabhâvayoḥ saptamî).

11) ? saṃvaṃdhâdhârabh° Cod.

Zunächst also der Accusativ: kârye, bei etwas, das zu vollbringen ist, wird erklärt durch: karmakârake[1]) utpâdye[2], âpye saṃskârye vikârye ca, d. i. bei dem Object's-Casusbegriff, wenn etwas hervorzubringen, zu erreichen, zu ordnen, zu ändern ist. Beispiel: çâhanaçâhî[3]) çastarâ me sâyad شغنشغی شسترا می سايد mahimahendro 'ṅgulitrâṇaṃ pâṭayati[4]), ein Fürst schlitzt den Schutzring[5]) auf (nutzt ihn, durch häufiges Schiefsen, ab). — Da nach:

5. Pârasîkabhâshâyâṃ kârake dvitîyâyâ lopo vaktavyaḥ । in der Pâr. bei einem (einfachen Verbal-)Object auch der Ausfall der Accusativ-Marke erlaubt ist, kann im angeführten Satze statt: çastarâ auch blos: çasta stehen. Weitere Beispiele des Accus.: âlamapanâḥ[6]) hajarata âphtâvarâ me vînad, jagadekaçaraṇyaḥ sûryaṃ paçyati حضت عالمپنا' قتابا مي بيند „Se. Maj. der Schützer der Welt schaut die Sonne“: — oder: çâha Jallâludîna ay yadâlat́ khud[7]) Kaliyugarâ Satyayuga karda, çâha-Jallâladdîno 'tîvadhârmikaḥ[8]) çrîmad-Akavara[8, 9]) nijasunayapratâpât Kaliyugaṃ Satyayugam akarot شه جلاالدين از عدالت خود طليگرا ستيگ دد, Fürst Jalâluddîn [der sehr fromme herrliche Akbar][8]) hat kraft seiner Tugend das Kaliyuga zum Satyayuga gemacht: — oder: hukume[10]) âtaç çâhe[10]) Akavar duçmane-jangalarâ khâkistara[11]) me kunad, çâha-Akavar-çâsanâgniḥ çatruvanaṃ bhasmasât karoti حکم آتش شاه اكبر دشمني جنگلرا خاكستر مي نند das Feuer der Autorität des Shâh Akbar (es sollte eigentlich heifsen: hukum âtaçe çâh Akbar) vernichtet (eig.: macht zu Asche) den Wald der Feindschaft.

6. prativaddhayoge dvitîyâ vaktavyâ । der Accusativ wird (auch) gebraucht bei Verbindung mit etwas Angeschlossenem (d. i. als Casus der Richtung) Beispiel: khuddara-vâra-râ[12]) me ravad, خدر بر را مي رود râjadvâraṃ prati vrajati, er geht zum Eingang der Löwenhöhle.

[1]) karmaṇi dvitîyâ Pâṇ. 2, 3, 2. [2]) °pâḍye Cod. [3]) çâhâna° Cod. [4]) yaṭ Cod. [5]) شست the thumbstall worn by archers; سودن to wear, tear, consume, break. [6]) cf. G. 26. [7]) shud Cod., hier die Idhâfet davor mit i! oder handelt es sich etwa nur um das von mir Gl. p. 75 besprochene ti für ه? [8]) Zusatz in der Sansk. Übersetzung. [9]) sollte flectirt sein! [10]) Idhâfet. [11]) so P; shâkistarâ Cod. [12]) shud' Cod.: خدر (khadr und khidr) a lurking place, a lion's den; بر a curtain at the door of a pavilion, entrance. Freilich sehr gezwungen! Einfacher wäre خود دربر را „nach seinem Audienzsaal“; doch müfste dabei خود nachstehen: darvâre khud râ.

d. i. zum Thor des Königs(-Palastes; só nach der Sanskr.-Übers.). — Nunmehr der Instrumentalis:

7. sâdhane karaṇe ca tṛitîyâ । der Instrumentalis wird gebraucht bei Mittel und Werkzeug. Beispiel: vâ kàrda me vur*a*rad[1]), va kàrda me vur*a*rda, churikayà chinatti, er schneidet mit dem Messer باكرد (oder بكرد) مى برّد.

8. Pàrasîkabbâshàyàṃ kartari tṛitîyà na dṛiçyate, anukta[2])-kartur abhàvàt, uktakartari prathamâ vibhaktir eva bhavati । Der Instrument. wird in der Pàr. nicht für den Agens gebraucht, da es einen unbenannten[3]) Agens darin nicht giebt, ein benannter[4]) Agens aber nur im Nom. steht. — Diese etwas schwülstig und unklar formulirte Regel besagt einfach nur, dafs die Pàr. die sogenannte Passiv-Construction nicht kennt[5]), was für den Inder allerdings bei seinem Erlernen der Pàrasîbh., soweit ihm dieselbe hier aus Gr. möglich sein sollte (!), von grofser Bedeutung ist, da diese Passiv-Construction: „von Devadatta wird gemacht, resp. ist gemacht worden" (cf. Pâṇ. 2, 3, 18) statt: „D. hat gemacht" im modernen Sanskṛit geradezu dominirt, die eigentlichen Verba finita (Parasmaip. und Àtmanep.) ihr gegenüber fast verschwinden[6]). Es ist daher sehr wichtig für den indischen Schüler, dafs ihm dieser fundamentale Unterschied der indischen Ausdruckweise von der der Pàr., welche dem Verbum finitum, resp. dem Activum (Medium und Passivum fehlen darin), sein Recht beläfst, hier scharf vorgeführt wird.

9. vâ yoge tṛitîyâ-caturthyau tallopaç ca । Instrumentalis und Dativ stehen beliebig auch bei Verbindung[7]) und zwar findet dann auch beliebig Ausfall ihrer Flexionsbezeichnung statt. — Die eigenthümliche Voranstellung des *vâ* wird im Schol.: vyavasthayâ „durch die Be-

---

[1]) so durchweg, s. p. 7. für: vurrad. [2]) cf. anabhihita Pâṇ. 2. 3, 1.

[3]) d. i. nicht durch ein Verbum finitum ausgedrückter; in: tena kriyate dient das Verbum zum Ausdruck des Objects, nicht des Agens.

[4]) d. i. durch das Verbum finitum bezeichneter; z. B. in: sa karoti.

[5]) wie sie ja überhaupt kein Passivum hat, s. Regel 19 und 7, 5.

[6]) selbst die passive Form des Verbum finitum ist dem überwuchernden Particip Perf. Pass. gegenüber verhältnifsmäfsig selten.

[7]) für den Instr. in dieser Beziehung cf. Pâṇ. 2, 3. 19 (saha-yukte 'pradhâne), Kât. 2, 4, 29 tṛitîyâ saha-yoge.

sonderheit" erklärt (vyavasthayà vâ ity asya pûrvanipâto vaktavyaḥ), womit denn wohl nur eine scharfe Scheidung zwischen Regel 8 und 9 statuirt wird[1]): 8 ist stetig, 9 beliebig. Die Angabe, dafs auch der Dativ „yoge" gebraucht werden kann, ist mir im Übrigen unklar. Das im Schol. angeführte Beispiel betrifft nur den Instr. in dieser Verwendung: vâ muraçida tâliva me ravad gurunâ saha çishyo gachati, mit dem Lehrer geht der Schüler, به مرشد شاگرد می رود.

10. dânapâtre sampradânakârake[2]) caturthî | der Dativ steht bei dem mit einer Gabe zu Bedenkenden, resp. dem Casusbegriff: Hingabe. Beispiel: hajarata Akavara çâha vâ vuyurugâm khitâva[3]) me dahad, çrî-Akavaraçâho mahadbhyaḥ padaviṃ dadâti, Se. Maj. Shâh Akbar verleiht den Grofsen Ehren-Titel, حضرت شاه اکبر با بزرگان خطاب می‌دهد. — oder: vâ ravu niyâymaṇdî me kunad, parameçvarâya namas karoti, er bringt dem Herrn Verehrung dar, با ربّ نیازمندی می کند (es bedeutet dies aber resp.: „er bringt dem Herrn eine Bitte vor"!)

11. nimittârthe ca caturthî vaktavyâ | der Dativ wird auch bei Veranlassung (Zweck) gebraucht. Beispiel: varâya kâre[4]) Akavara çâha sare[4]) khudrâ[5]) nigâha[6]) me dâram, Akavaraçâhakâryâya çira âtmanaḥ saṃdhârayâmi, برای درِ اکبر شاه سرِ خود را نگاه می دارم für den Dienst Shâh Akbar's erhalte (bewahre, widme) ich meinen Kopf.

12. viçlesho vibhâgas, tatra yo 'vadhiç calatayâ acalatayâ vivakshitas, tatrâ 'pâdâne[7]) paṃcamî | der Ablativ steht beim Wegnehmen, resp. bei dem beweglichen oder unbeweglichen Ausgangspunkt einer Trennung[8]). Beispiel: ay aspa[9]) davâṃ aphtâda, dhâvato 'çvâd

[1]) oder bedeutet: vyavasthayâ etwa einfach nur: in diesem besondern Falle, d. i. ausnahmsweise. [2]) cf. Pâṇ. 2, 3, 13 (caturthî sampradâne). [3]) shi° Cod.

[4]) Idhâfet. [5]) shudrâ Cod.

[6]) so P; vigâha Cod. نگاه داشتن to observe, to keep, maintain.

[7]) cf. Pâṇ. 2, 3, 28 (apâdâne pañcamî). Kât. 2, 4, 19 (apâdâna), 20 (pary-apâ-"n-yoge pañcamî).

[8]) so etwa läfst sich die schwülstige Darstellung kurz zusammenfassen: wörtlich: wenn bei Abtrennung oder Abtheilung der Grenzpunkt, mit Beweglichkeit oder Unbeweglichkeit, ausgedrückt werden soll, dann drückt der Ablativ die grammatische Beziehung: apâdâna aus.

[9]) a-pha Cod. Eigentlich müfste man aspe lesen, da die Idhâfet hier nothwendig ist.

apatat, er fiel von dem laufenden Pferde, از اسپ دوان افتاد: — oder: ay darakht[1]) vara me aphtâda vṛikshât pa(t)tram patati, das Blatt[2]) fällt vom Baum از درخت بر می افتاد.

13. bhayahetau paṃcamî vaktavyâ ǀ der Ablativ steht (auch) bei einem Anlafs zur Furcht. Beispiel: ay dujda me tarasada, caurât trasyati[3]), er fürchtet sich vor dem Diebe از دزد می ترسد.

14. shashṭhy-arthe[4]) kvacit paṃcamî vibhaktir vaktavyâ ǀ hie und da steht der Abl. im Sinne des Genetivs. Beispiel: aiṃ[5]) phîla ay ke asta? ay Akavara çâha, ayaṃ hastî kasyâ 'stî 'ti praçne Akavaraçâhasya, von wem (wessen) ist dieser Elephant? vom Shâh Akbar, این فیل از کی است از اکبر شاه.

15. saṃvaṃdhe shashṭhî ǀ der Genetiv steht bei Zugehörigkeit. Beispiel: hukuṃ çâharâ[6]) âjnâ râjnaḥ der Befehl des Königs حکم شاهرا. Dies ist Alles, und von der Idhâfet[7]) kein Wort!

16. âdhâre saptamî ǀ der Locativ steht beim Aufenthaltsort[8]): und zwar in fünffacher Weise: paṃcavidham adhikaraṇaṃ: aupaçleshikaṃ 1 [9]) sâmîpakaṃ 2 abhivyâpakaṃ 3 vaishayikaṃ 4 aupacârikaṃ 5 ce 'ti[10]). — Beispiele: zu 1) phakîra dar voriyâ me khvâvad[11]) dînaḥ kaṭe çete, der Arme liegt (schläft) auf einer Rohrmatte فقیر در بوریا می خوابد: — 2) dar vâga me khvâvad[11]), ârâme[12]) çete. er liegt (schläft) im Garten در باغ می خوابد: — 3) dar

---

1) darashat Cod.

2) بر bedeutet die Frucht s. Gl. Man könnte ja allenfalls emendiren: varaga, برگ Blatt. Indessen unser Autor läfst sich ja auch sonst noch allerhand Mifsverständnisse zu Schulden kommen, s. z. B. bei 10. Auch pafst für den Singular die Frucht besser, als das Blatt.

3) °çyati Cod.

4) rtha Cod.

5) sonderbar! statt: în این.

6) çâharâṃ Cod.

7) die Idhâfet, resp. das کسرهٔ اضافی, ist bekanntlich einfach ein Rest der im Zend so häufigen Verwendung des Relativums (sei es in der Form yaṭ, sei es in flectirter Form, und zwar in richtiger oder unrichtiger Rection) zur Verbindung zweier zusammengehöriger Wörter, des voranstehenden Regens mit dem folgenden Rectum.

8) resp. Behältnifs: cf. Pâṇ. 1, 4. 45 (âdhâro 'dhikaraṇaṃ). Kât. 2, 4, 19 (adhikaraṇe).

9) shṭi° Cod.

10) cf. die Siddhântakaumudî zu Pâṇ. 2. 3. 36 (1, 307 Calc. 1864): aupaçlesbiko vaishayiko 'bhivyâpakaç ce 'ti âdhâras tridhâ; aupaçleshika mit unmittelbarer Berührung verbunden. vaishayika im Bereich wovon befindlich, abhivyâpaka in sich enthaltend; dazu oben noch: sâmîpaka in der Nähe befindlich, und aupacârika auf das Verhalten (?) zu Jemand bezüglich.

11) shvâ° Cod.

12) ârâste Cod.

kuṃjid rogana hasta, tile tailam asti, im Sesam ist Öl بر كنجد روغن هست: — 4) vara sar[1]) aṃgusta sada phila me ravad, aṃgulyagre[2]) kariṇâṃ çataṃ gacchati auf die Spitze des Fingers[3]) gehen 100 Elephanten. بر سر انگشت صد فيل مى رود: — 5[4]) evaṃ: vara aspa[5]) me ravad[6] [er geht (reitet) auf dem Pferde] بر اسپ مى رود, vara devara me ravad[6] [er geht auf der Mauer] بر ديوار مى رود. — Es folgen nun noch einige allgemeine Angaben mit z. Th. unsicherm Wortlaut. So zunächst:

17. atra prakara*ṭpo* jneyâ vivakshai 'va valiyasî | es ist dies ein Halb-çloka, somit etwa ein Citat (ob aus einem zur Kât. Gr. gehörigen Werke?): statt prakara*ṭpo* vermuthe ich: prakara*ṇaij* und übersetze: „der aus dem Text(?) zu entnehmende Sinn[7]) ist hierbei (bei dem Gebrauch des Locativs) maſsgebend“; denn die folgenden Worte: sthâlyâṃ paçyata[8]) ity eshâ vivakshâ dṛiçyate bedeuten doch wohl: „in dem Satze: sthâlyâṃ paçyate“ ist (leicht) ersichtlich, in welchem Sinne resp. in welcher der fünf angegebenen Beziehungen, der Locativ gebraucht ist. — Hieran reiht sich ein voller çloka, eventual. ein weiteres Citat:

18. yataḥ: uktasyâ 'rthasya gṛihṇaṃti saṃkhyânaṃ ty-âdayaḥ param | liṃga-saṃjnâ-vibhaktîs tu kṛit-taddhita-samâsajâḥ[9]) || die Personalendungen (tiv-âdi 7, 2, ty-âdi 8, 2) d. i. die Verba finita, nehmen nur (param) die Numerus-Bezeichnung an, die durch kṛit, taddhita oder Composition entstandenen Wörter[10]) aber (auch) Genus, (prägnante) Bedeutung) und Casus-Endung. — Falls dieser Vers ein Citat ist, so hat der Vf. desselben die gleiche Terminologie (ty-âdi) wie unser Autor. — Beispiele (für den Numerus beim Verbum): yathâ, çâha âphatâyrâ me[11]) vînad, mahimahendraḥ sûryaṃ paçyati der Shâh sieht die Sonne شاه آفتابرا مى بيند. — çâhân âphtâvrâ me vina(ṃ)d râjânaḥ sûryaṃ paçyaṃti

[1]) Idhâfet! [2]) ? aṃgulye Cod. [3]) d. i. wohl: Kaiser Akbar's!

[4]) zu 5) gerade (aupacârika) passen die folgenden Beispiele nicht.

[5]) asya Cod. [6]) die Sanskṛitübersetzung fehlt.

[7]) ? eig. allerdings nur: „der Wunsch etwas zu sagen“; man könnte daher etwa: prakara*ṇe* lesen und übersetzen wollen: „hier in diesem Capitel, wisse man, ist der Wunsch etwas zu sagen mächtiger“ (als das Vermögen dazu); das wäre eine Entschuldigung seitens des Autors. Doch wüſste ich damit die folgenden Worte: sthâlyâm ... nicht in Einklang zu bringen. [8]) dies ist, neben: kaṭe âste, kaṭe çete, ein solennes (mûrdhâbhishikta) Beispiel der indischen Grammatik für den Locativ. [9]) mâsrajâḥ Cod. [10]) cf. Pâṇ. 1. 2. 46. [11]) ma Cod.

die Fürsten sehen die Sonne, شاهان آفتابرا می بینند. — Zum Schlufs noch eine weitere Regel, das Verbum betreffend (gehörig zu Regel 8):

19. Pârasîke[1]) karmaṇy âkhyâtapratyayo na dṛçyate ı in der Pâr. gibt es kein Verbal-Affix zur Object-Bezeichnung, d. i. kein Passivum: — s. noch 7, 5.

iti çrîmahîmahemdra-çrîmad-Akavara ... kâçe kârakaprakaraṇam.

§. 5.

atha samâsaprakaraṇaṃ nirûpyate: nun die Composition.

1. samâsaç câ 'nvayanâmnâṃ ı die Composition betrifft (nur solche) Nomina, zwischen denen ein logischer Zusammenhang stattfindet: anvayayogyatve saty eva samâso bhavati; — cf. Kât. 2. 5, 1 nâmnâṃ samâso yuktârthaḥ. Und zwar giebt es sechs Arten von Compositen:

2. sa ca shaḍvidhaḥ: avyayîbhâvas tatpurusho dvandvo vahuvrîhiḥ karmadhârayo dviguç ce 'ti ı eine sonderbare Reihenfolge! In der Siddh. K. (1, 317 fg.) stehen auch avy. tatp. voran, tatp. umfafst resp. daselbst dvigu [ib. 357] und karmadh. [ib. 363] zugleich, dann folgt dort bahuvrîhi, zuletzt dvandva. Ebenso ist auch im Kât. die Reihenfolge: avyayîbh., karmadh. dvigu tatpur. (alle drei ebenfalls zusammen gehörig), bahuvrîhi, dvandva. — Zunächst also:

3. tatra pûrve 'vyaye *a*vyayîbhâvaḥ samâso bhavati ı wenn ein Indeclinabile, als erstes Glied, vorangeht, so ist diese Wortverbindung ein avyayîbhâva; — Beispiel: vâ hara[2]) kudarati[3]) me dihad, yathâçakti dadâti, nach Kräften giebt er, با هر قدرت می دهد. Im Pers. handelt es sich übrigens hierbei gar nicht um ein Avyayîbhâva, ja überhaupt gar nicht um Composition. — Ebenso ist auch das zweite Beispiel: yâye[4]) vemagas, nivṛittikaṃ[5]) sthânaṃ, ein ruhiger[6]) Ort

---

1) °ka Cod.
2) so P; vâ dara Cod.
3) s. Gl. p. 75 (ti für s).
4) Idhâfet.
5) so Cod. sec. m.; prima m. vor: kaṃ Platz für drei akshara.
6) ? jedenfalls eigen ausgedrückt! weder nivṛittika noch nivṛitika liegt vor.

جاي بى مكس [eig. ein Ort ohne Fliegen] kein avyayibhâva nach indischem Sinne, sondern ein bahuvrihi[1]): die vorliegende Regel ist eben viel zu weit gefafst.

4. samâsa[2])-pratyayayoḥ ǀ „bei Compositum und Affix“: dazu die Erklärung: samâse vartamânâyâ vibhakteḥ pratyaye ca pare lug[3]) bhavati „für die in einem Compos. befindliche Casus-Endung und bei folgendem Affix tritt Ausfall (derselben; statt des: tug im Codex ist eben: lug zu lesen) ein“. Das Wort: luk ist hier im Text entweder einfach durch Schuld des Abschreibers ausgefallen, oder es ist aus dem Context der in dem Original, aus welchem dies sûtram event. etwa entlehnt ist, vorhergehenden Regeln fortgeltend. — Diese Regel ist eine in ihrem ersten Theile für das Verständnifs des zunächst Folgenden nöthige; sie zeichnet sich im Übrigen ebenso wie die folgende Regel durch grofse Kürze aus, beide Regeln sind wirklich im sûtra-Styl gehalten, und machen fast den Eindruck, irgendwoher entlehnt zu sein: und zwar ist dies für Regel 4 sogar nothwendig, falls das Wort luk darin nicht eben blofs durch Schuld des Copisten fehlt. Zur Sache cf. Kât. 2, 5, 2: tatsthâ lopyâ vibhaktayaḥ. — Zu dem Ausfall der Casusendung vor einem pratyaya s. 6, 1 fg.

5. am-âdau[4]) tatpurushaḥ ǀ wenn das erste Glied auf *am* etc., d. i. auf einen Accusativ etc., endet [resp. als Accus. etc. vom zweiten regiert wird], so ist dies ein tatpurusha[5]), dvitiyâdyante pûrvapade sati tatpurushasamjnakaḥ samâso bhavati. — Das dafür beigebrachte Beispiel: Akavaraçâbarâ hukuma hukume Akavaraçâha, des Akbar Shâh Befehl, Befehl-Akbar-Shâh اكبر شدرا حكم ,حكم اكبر شاه ist ein Genetiv-Beispiel, und ist hier in der Aufführung des Compositums (das zweite Mal) die Idhâfet auch wirklich angegeben, jedoch ohne dafs der Autor (cf. 4, 15. 6, 7) theils derselben, theils der dabei in der Regel üblichen Nachstellung des im genetivischen Verhältnifs stehenden Wortes irgendwie dabei gedächte! — Denn die unmittelbar folgenden Worte:

[1]) d. i. vigatâ makshikâ yasmât. [2]) se Cod. [3]) tug Cod.
[4]) so Cod. sec. m., amâdi pr. m.

[5]) eine wirklich recht verständige Erklärung (cf. Kat. 2. 5. 8: vibhaktayo dvitiyâdyâ nâmnâ parapadena tu ǀ samasyante samâso hi jneyas tatpurushaḥ sa ca), in welcher der terminus technicus: am-âdi noch besonders bemerkenswerth ist.

6. viçeshaṇaṃ pûrvaṃ nipatati ity-âdi[1]) yathâlâbhaṃ prayojyaṃ। „das bestimmende Glied steht voran“[2]) dies und anderes dgl. ist nach Bedarf anzuwenden“, reichen denn doch dáfür entfernt nicht aus. Es ist dies jedoch immerhin eine Angabe, die deutlich zeigt, das der Autor selbst den Boden unter sich hier sehr unsicher fühlt[3]). So lehnt er denn nun auch zum Wenigsten in der folgenden Regel:

7. Pârasîkabhâshâyâṃ dvaṃdvasamâso na dṛiçyate। die Existenz der dvandva-Composita für die Pâr. überhaupt ab. — Die Erklärung der dvigu-Composita[4]):

8. saṃkhyâpûrva(ḥ) samâso dvigur vaktavyaḥ। schliefst genau an Pâṇ. 2. 1, 52[5]) und Kât. 2, 5, 6[5]) an. Beispiele: haphta sitârâ هفت ستاره[6]) nâm(n)âṃ samâhâraḥ haphta nâmaṃd sapta ṛishaya ity arthaḥ; das hier vorliegende nâmaṃd giebt keinen Sinn; **P** proponirt zu lesen: haphta-sitârâ nâm(n)âṃ samâhâraḥ haphta nâsh and, „haphta sitârâ (ist eine) Zusammenziehung der (ihrer) Namen, es sind die sieben nâsh, هفت نعش اند[7]“: banât nâsh بنات نعش ist nämlich einer der Namen des Bären: der gewöhnliche Name dafür ist (s. Gl.): هفت اورنگ, — oder: yak kas âdaṃ یک کس آدم[7]) (irgend ein Mann), — oder: dû kas mard دو کس مرد[7]) (zwei Männer), ity-âdikaṃ vodhyaṃ. Der Autor beurtheilt alle diese Wortverbindungen durch die Brille des Sanskrit. Im Persischen liegt hierbei kein dvigu vor.

9. vahuvrîhir anyârthe। ein Compositum, welches etwas Anderes (als seine Theile, resp. etwas Neues) bedeutet[8]), heifst bahuvrîhi, anyapadârthe pradhâne yaḥ samâsaḥ sa vahuvrîhisaṃjno bhavati. — Beispiele: nek yamal yasya nek-yamal[9]) sukarmâ Gut-Werk[10]) نیک عمل, vaḍ phayal yasya vaḍ-phayal, duḥkarmâ Bös-Werk[10]) بد فعل, pâk mâmalaha

---

[1]) ein Citat? cf. Pâṇ. 1, 2, 44. 2, 2, 30. [2]) s. hierzu noch Regel 11.

[3]) s. noch die Angabe: ity-âdi jneyam bei Regel 8. 9 u. 11.

[4]) nach der in Regel 2 vorliegenden Reihenfolge sollte zunächst vahuvrîhi, dann karmadhâraya, erst dann dvigu folgen. [5]) beide Male: saṃkhyâpûrvo dviguḥ.

[6]) die Sansk. Übersetzung fehlt. [7]) ebenfalls ohne Sanskṛit-Übersetzung.

[8]) s. Pâṇ. 2, 2, 24 (anekam anyapadârthe). Kât. 2, 5, 9 (syâtâṃ yadi pade dve tu yadi vâ syur bahûny api | tâny anyasya padasyâ ’rthe bahuvrîhiḥ ..).

[9]) nekyama • (Platz für ein akshara) sya (pr. m., yamal asya sec. m.) nekayamalu Cod. [10]) d. i. Jemand, der gute, resp. böse, Werke verrichtet.

yasyâ 'sau pâkmâmalha, pavitravyavaharaḥ Rein-Wandel[1] پاك معامله, pur-yar yasmiṃ(s) tat purayara khânaha[2], purṇadhanaṃ grihaṃ volles Gold habendes[3] Haus, پر زر خانه, pur-mevâhavâra iṃ darakhta[4], vahuphalo (yaṃ) vṛikshaḥ, dieser Baum hat volle Früchte-Tracht[5], پر میوه بار این درخت. Auch diese Beispiele sind zwar für das Sanskṛit richtig, passen aber für die Par. nur zum Theil, sind theilweise vielmehr (s. die Noten) tatpurusha. — Die schliefsende Bemerkung: ity-âdi *jneyam* scheint zu zeigen, dafs der Autor sich selbst unsicher fühlt (s. bei Regel 6).

10. karmadhârayas tulyârthe | bei gleicher Beziehung[6], d. i. wenn zwei Wörter in gleicher Rection stehen[7], heifst das Comp.: karmadhâraya: padadvaye tu ekârthanishṭhe sati. — Beispiel: çâhaç cà 'sâv Akavaraç ca çâha[8])-Akavara شاه اكبر; oder: Akavara-çâha اكبرشاه[9]: hie und da steht nämlich nach:

11. kvacid viçeshaṇasya pûrvanipâto vaktavyaḥ | das bestimmende Glied voran[9]. Beispiel: nekaç cà 'sau mardaç ca[10]) nek-marda, sâdhupurushaḥ ein guter Mann. نیک مرد[11]). — Des Weiteren überhebt sich der Autor: ity-âdi yathâsaṃbhavaṃ jneyaṃ, und fügt nur noch hinzu:

12. atyâdare dvitvaṃ vaktavyaṃ | wenn man etwas besonders hervorheben will, setzt man es doppelt, z. B. âlama âlama[12]) عالم عالم[13]), phauja phauja فوج فوج[14]).

iti çrimahimahendra-çrimad-Akavara ... kâçe samâsaprakaraṇaṃ.

—

[1]) der reinen Wandel führt. [2]) purâyara shâ Cod.

[3]) eigentlich: voll (von) Gold seiendes; das ist aber ein tatpurusha.

[4]) shata Cod. [5]) eig.: voll von Früchtetracht, s. n. 4.

[6]) Kât. 2, 5, 5 (pade tulyâdhikaraṇe). Pâṇ. 1. 2. 42 (tatpurushaḥ samânâdhikaraṇaḥ): — tulyârthe steht hier wohl dem anyârtha in Regel 9 gegenüber, und ist eigentlich wie dieses als bahuvrihi, nicht als karmadhâraya zu fassen: „bei einem Worte, dessen Theile den gleichen Gegenstand betreffen".

[7]) resp. wenn das erste Glied im einfachen appositionellen Verhältnifs zum zweiten steht. [8]) hier also nicht mit Idhâfet, cf. Einl. § 3 und 4, 1 fg. [9]) und zwar ist dies bei den karmadh. nahezu regulär der Fall; cf. jedoch z. B. Sitz.-Ber. 1883 p. 569, 886, und 1884 p. 272. [10]) der Cod. hat übrigens: neka *cà* 'sau mardaka! [11]) bei diesem Beispiel würde wohl Niemand an die Nachstellung von nek denken können; es ist somit schlecht gewählt; zu der wechselnden Stellung des viçeshaṇa s. noch Regel 6, und cf. 6, 6, 7. [12]) mai Cod. [13]) ohne Übersetzung: „alle Welt"? Johnson: „the greatest, highest, most" (?). [14]) desgl.: „gruppenweise, in Gruppen".

§ 6.

atha taddhitaprakaraṇam nirûpyate: nun die secundäre Wortbildung.

1. apatye yâdaḥ | im Sinne von: Abkömmling (als patronymisches Affix) steht yâdah زاده; — z. B. çâha-yâdah[1]) شازاده, khâna[2])-yâdah خانزاده. çekha[3])-yâdah شیخ زاده, saidasyâ[4]) 'patyam saidayâdaḥ[5]) سیدزاده, asîl-yâdaha اصیلزاده, vujuruk[6])-yâdaha بزرک زاده, âdamî-yâdah آدمیزاده.

2. tatra jâte ḍî | im Sinne von: da geboren tritt: ḍî d. i. *î* an; — hier liegt wieder dasselbe stumme *ḍ* vor wie bei I. 36. 37, und zwar hat es hier ebensowenig eine dem ḍit bei Pâṇ. und im Kât. entsprechende Bedeutung; es müfste denn bestimmt sein, den Abfall des *a* zu markiren, mit welchem der Autor die Wörter: Kâvula etc. versieht, um sie flectiren zu können: Beispiele: Kâvule jâtaḥ Kâvulî كابلی, Mâvaranaharî ماوراءالنهری, Gaṃdhârî قندهاری, Rûmî رومی, Arabî عربی, Jajamî[7]) عجمی[8]), Jâmulî[9]) wohl زاولی[10]), Valkhî[11]) بلخی, Pheraṃgî فرنگی, Cînî چینی, Hindustânî هندوستانی, Khurâsânî[12]) خراسانی, evam: âvî[13]) آبی, jaṃgalî جنگلی, haṃçaharî[14]) همشهری. — Zu dem Ausfall der Locativ-Endung (usw.) vor dem Affix s. 5, 4.

3. kvacit tena prayukto dharmo 'sye 'ty arthe ḍî vaktavyaḥ | hie und da wird ḍî, d. i. *î*, gebraucht zur Bezeichnung der An-

---

1) alle diese Beispiele ohne Sanskṛit-Übersetzung. 2) shâ° Cod.
3) çesha Cod. 4) saidâdasyâ Cod. 5) saidâda Cod.
6) mit k, vujurukasyâ 'patyam vujuruk° Cod. 7) Ara*the* (°ve sec. m.) jâtaḥ Arabî (mit b), Jajame jâtaḥ Jajamî; zu j für ع durch das Medium von y* s. Gl. p. 21.
8) a foreigner, although a correct speaker of Arabic, a Persian.
9) Jâmule jâtaḥ Cod. 10) m für v? cf. زاولستان; nach P vielmehr: „عاملی", aus عامل = آمل gebürtig; beide Schreibarten sind gewöhnlich*; „العاملی" ist Arabisirung für das persische آملی. Die arabische Form hat allerdings in der zweiten Sylbe *i*, wahrscheinlich weil man dabei an das arab. partic. عامل dachte (Volksetymologie!). Der Verfasser kann aber sehr wohl neben dem Anlaut der arabischen den Vocal der persischen Form beibehalten haben. Vgl. meinen Katalog der pers. Hss. in Berlin p. 698 Anm. 2.* آمل name of a town in Taberistan and of one situated at the river Oxus.
11) Valshe jâto Valshî Cod.
12) shurâ° Cod (beide Male). 13) ohne Übersetzung آب Wasser. جنگل Wald, همشری a fellow townsmann. 14) hamuça° Cod.

hänger der Religion eines NN, z. B. Mohammadena prayukto dharmo 'sye 'ti Mohammadi محمدی (muhammedanisch), Dâudena prayukto dharmo ('sye 'ti) Dâudî داوودی (Davidisch): — für das ḍ von ḍi gilt das zu 2 Bemerkte.

4. kvacid ḍîpare ây-âgamo vaktavyaḥ | hie und da tritt dann *ây* vor das *î*. Îsâprayukto dharmo 'sya Îsâyî عیسائی (christlich), Mûsâprayukto .. Mûsâyî موسائی (mosaisch).

5. kvacid bhâve ḍi | hie und da steht ḍi im Sinne von: das etwas Sein: z. B. musalmânasya bhâvaḥ musalmânî Moslimschaft مسلمانی; ebenso: kâphirî[1]) کفری (Ungläubigkeit), tarî تری (Feuchtigkeit), khuski[2]) خشکی (Trockenheit), namî (Kühle) نمی, sakhti[3]) سختی (Härte), durusti درشتی (Rauhheit).

6. asty-arthe[4]) stân | im Sinne von: „es befindet sich (da)" wird stân gebraucht[5]): z. B.: gulaṃ vidyate 'tra gulistâṃ pushpasthânam Blumen(Rosen)-Garten گلستان: dabei nämlich tritt nach:

7. kvacid ikârâgamo vaktavyaḥ | hie und da *i* davor[6]); ebenso: vâgistân باغستان: — weiter: Hindustân هندوستان, Kohastân کوهستان (Bergland), vostân بستان (Garten)[7]).

8. tasye 'dam iti ḍi | (auch) im Sinne von „ihm gehörig" steht ḍi, resp. *î*: — Akavarasyâ 'yam Akavarî dem Akbar gehörig اکبری, Akavaraçâhi اکبرشاهی dem Shâh Akbar gehörig: — für das ḍ von ḍi gilt auch hier das zu Regel 2 u. 3 Bemerkte.

9. tat karoti 'ty aṇ | im Sinne von: „er thut dies" steht *aṇ*, d. i. *a*. — Hier liegt wieder die Herübernahme eines technischen stummen Buchstaben, des *ṇ*, vor, und zwar in derselben, die Vṛddhirung

---

[1]) die folgenden Wörter ohne Erklärung. [2]) shuski Cod.

[3]) sashtî Cod. [4]) s. 16.

[5]) es ist dies eigentlich eine Composition (tatpurusha), bei der das viçeshaṇam voran steht. cf. 5. 6. 11.

[6]) hier wäre wiederum eine gute Gelegenheit gewesen, die Idhâfet als Marke eines genetivischen tatpurusha-Compositums (cf. 5. 5. 4. 15) etc. zu bezeichnen, und zwar im vorliegenden Fall unter Umstellung der Glieder. cf. 5. 6. 11. Der Autor nimmt davon aber eben gar keine Notiz. cf. Einl. § 3.

[7]) ohne Übersetzung eig. بوستان Ort des Duftes.

der ersten Silbe des Wortes markirenden Bedeutung, die ihm bei Pâṇini (7. 2. 117) und Kât. (2, 6, 49) zukommt; es erhellt dies aus der nächsten Regel, dafs:

10. aṇi pûrvasvarasyâ "kâro madhyasvarasye 'kâro vaktavyaḥ ⎮ ein mit *aṇ* gebildetes Wort als ersten Vocal *á*, als mittleren Vocal *i*[1]) hat, resp. die Vocale des primären Wortes demgemäfs umgewandelt werden. Beispiele[2]): adalaṃ karotî 'ty âdil[3]) (wer) Gerechtigkeit عَدَل übt, (heifst:) عَادِل, yulumaṃ karotî 'ti yâliṃ (wer) Bedrückung ظُلْم übt, (heifst:) ظَالِم, çukuraṃ karotî 'ti çâkir̤ (wer) Dank شُكْر übt, (heifst:) شَاكِر, yamilaṃ karotî 'ti yâmil[4]) (wer) ein Werk عَمَل verrichtet, (heifst:) عَامِل, hukumaṃ karotî 'ti hâkiṃ (wer) ein Commando حُكْم führt, (heifst:) حَاكِم, sijadaṃ karotî 'ti sâjiḍ (wer) Anbetung سَجْدَة verrichtet, (heifst:) سَاجِد.

11. kvacid akârâgamo vaktavyaḥ ⎮ und zwar tritt hierbei hie und da (am Schlufs) ein *a* hinzu: — so: nutkaṃ karotî 'ti nâtikaḥ[5]) (wer Sprechen) نَطَق verrichtet, (heifst:) نَاطِق, samataṃ karotî 'ti sâmitaḥ[6]) (wer Schweigen) صَمَت übt, (heifst:) صَامِت, sukutaṃ karotî 'ti sâkitaḥ (wer ebenfalls Schweigen) سَكَت übt, (heifst:) سَاكِت. — Wie sich diese Wörter am Schlufs durch ein *a* von den zu 9. 10 angeführten unterscheiden[7]), ist mir unklar; denn es müssen doch, da Affix *aṇ* antritt, *alle* diese Wörter auf *a* auslauten! ist ja doch das *i* in 10 (u. 13) ausdrücklich als *mittlerer* Vocal bezeichnet. Sollte etwa نَاطِلَة etc. gemeint sein? Bei 2, 15 aber perhorrescirt, wenn ich dort richtig corrigirt habe, der Autor das *s occultum* für einen ähnlichen Fall; auch liegen die hier angeführten Wörter gerade mit *s occultum* nicht vor. Sollte etwa an das feminine ى zu denken sein? Dagegen sprechen freilich dieselben Bedenken. Der Autor ist sich hier eben wohl selbst nicht recht klar gewesen; jedenfalls hat er sich sehr unklar ausgedrückt.

---

[1]) es handelt sich hier um das arabische resp. altsemitische Partic. Praes Act., dessen innere Beugung von dem Autor als eine vriddhi-Bildung angesehen wird.
[2]) alles ohne Übersetzung bis zu Regel 13.   [3]) *adil* Cod.
[4]) yâmila Cod.   [5]) °kaṃ Cod.   [6]) °taṃ Cod.
[7]) in der Handschrift sind die Beispiele zu 10 sämmtlich, bis auf yâmila, am Schlufs mit virâma bezeichnet. während die hiesigen Beispiele darin als auf: aṃ, resp. aḥ auslautend aufgeführt sind.

12. tad vetti taṃ[1]) prâpta ity-arthe ca 'n I *an*, resp. *a*, steht im Sinne von: „er weifs das" und „er hat es erreicht". Auch hier ist ein Pâṇinischer anubandha verwendet; doch ist mir unklar in welchem Sinne; bei Pâṇini unterscheidet sich taddh. *an* von taddh. *aṇ* dadurch, dafs es 1) die Vṛiddhirung nicht bedingt, und 2) den Acut auf die erste Silbe des Wortes wirft; letzterer Umstand fällt hier aus, und für den ersteren tritt im Verlauf eine besondere Regel (14) ein. Es ist im Übrigen die Form der vom Autor hierzu gegebenen Beispiele zunächst ganz dieselbe, wie bei: *aṇ*, resp. ganz wie nach Regel 10. 11 gebildet: nämlich: elimaṃ vetti 'ti âliṃ er kennt die Wissenschaft علم darum (heifst er) عالم (weise), kamalaṃ[2]) prâptaḥ kâmilaḥ zur Vollendung كمل gelangt كامل, vulugaṃ[3]) prâptaḥ vâligaḥ zur Pubertät بلوغ gelangt بالغ.

13. kvacid îkâro madhyasvarasya I hie und da tritt für den mittleren Vocal *î* ein. Das hierfür angegebene Beispiel: karamaṃ karotî 'ti karîṃ, anugrâhaka ity-arthe (wer Generosität) كرم übt, (heifst:) كريم zeigt in der ersten Silbe kurzes *a*, ist somit in der That ein Beispiel für *an* (Regel 12)[4]): dafür tritt resp. speciell noch die folgende Regel ein:

14. kvacin nâ "tvaṃ pûrvasya I hie und da findet die durch Regel 10 erforderte Substitution des *â* für den ersten Vocal nicht statt; dazu noch als Beispiel: rahîmaḥ dînadayâparaḥ, mitleidig رحيم; — ebenso: siddikaḥ[5]) sidukaṃ[6]) karoti (wer) صدق Wahrhaftigkeit übt (heifst:) صديق; jedoch daneben (pakshe) auch: sâdikaḥ صادق; — ferner çariphu شريف (noble), ityâdi.

15. rakshatî 'ty-arthe vân I im Sinne von: „er hütet" tritt وان an: — z. B. âhû rakshatî 'ti âhûvân mṛigarakshakaḥ ein Wildhüter آهووان, daraṃ rakshati 'ti daravân, dvârapâlaḥ Thürhüter, دروان, philaṃ rakshati 'ti philavân hastipakaḥ Elephantenwärter فيلبان, gâvaṃ[7]) rakshati 'ti gâvavân gorakshakaḥ Kuhhirt گاوبان, vâgaṃ rakshatî 'ti vâgavân ârâmarakshakaḥ Gartenhüter باغبان: ity-âdi jñeyam.

[1]) so Cod., nicht tat. [2]) kâmalaṃ Cod.

[3]) vulgaṃ Cod. arab. بلغ erlangen, erreichen.

[4]) diese Bildung kommt ebenfalls wie die Bildung nach Regel 10 nur bei semitischen (arabischen) Wörtern vor, ist resp. ebenfalls eine innere Beugung, keine Affixbildung. [5]) siddîṃkaḥ Cod. [6]) siṃdhukam Cod.

[7]) es ist das persische Wort gemeint, sonst müsten wir: gâṃ haben.

16. asty-arthe[1]) maṃda | manda steht im Sinne von: „es ist (ihm)“, z. B. daulatir 2 vidyate asya daulati[2])maṃdaḥ (im Besitz von Herrschaft) دولتمند, sayâdati[2])maṃdaḥ bhâgyavân im Besitz von Herrlichkeit سیادتمند, dânaçmaṃdaḥ[3]) دانشمند (kundig), hunarmaṃdaḥ هنرمند (einsichtsvoll).

17. kvacit tena[4]) nirmite ḍîḥ | hie und da steht ḍî, d. i. ī, im Sinne von: „daraus hergestellt (bestehend)“, so: gilena nirmito gilî (made of clay, earthen) گلی, khâkena[5]) nirmitaḥ khâkî[5]) (ebenfalls: earthen) خاکی, vâdena nirmito vâdî (windy, airy) بادی, âtaçena nirmita âtaçî (feurig) آتشی, nûreṇa nirmito nûrî (splendid, bright) نوری; — ebenso: âhanî آهنی (eisern), covî چوبی (hölzern); — auch hier gilt für das ḍ das zu 2 Bemerkte.

18. nûrâd âṇîç co ˈpalakshite | an das Wort nûra tritt auch *âṇî* in der Bedeutung: „gekennzeichnet“, nûreṇo ˈpalakshitaḥ nûrânî نورانی (Gottheit, s. Gl. 6).

19. gunâhâṃ gâra kṛitavân ity-arthe | an die Wörter: gunâh (usw.: es ist wohl gunâhâdînâṃ zu lesen?) tritt *gâra* im Sinne von: „er hat gemacht“, gunâhaṃ kṛitavân gunâhgâr گناهگار (Übelthäter). — Hier ist der Wortlaut des Textes, sei es dafs gunâhâm zu bleiben hat, sei es dafs gunâhâdînâm zu lesen ist, sehr eigenthümlich. Denn, wie wir auch lesen mögen, es ist ein gaṇa, der hier (cf. 21. 25) vorliegt! Beruht dies auf irgend welcher Vorlage? Von Rechtswegen müfste eine Liste der betreffenden Wörter gegeben werden (cf. 25). Oder der Autor hätte sich anders ausdrücken müssen, etwa: „in Wörtern *wie* gunâh“. — Oder sollte etwa gunâhâṃ in gunâhâṭ zu corrigiren sein? dann bezöge sich die Regel nur auf dies eine Wort. Es ist dies indefs wenig wahrscheinlich, da das Affix گار, ebenso wie کار, häufig vorkommt, s. Vullers Gramm. [2] p. 236.

20. ât samûhe | *ât* tritt im Sinne von: „Menge“ an, so: yamâdânâṃ[6]) samûho yamâdât خمادات (minerals, fossils), evaṃ navâtât نباتات (herbs, vegetables), haivânât حیوانات (cattle).

---

[1]) s. 6. [2]) über das i hinter ṣ s. Gl. p. 75.
[3]) fortab bis zum Schlufs von Cap. 6 ohne Übersetzung.
[4]) tenâ Cod. [5]) shâk° Cod. خاک Staub. [6]) yâmâ° Cod.

21. **âti saiyad-âdinâṃ sâd-âdir vaktavyaḥ** | vor Affix *ât* tritt für saiyad usw. sâd usw. ein. Von سيد Herr, lautet das Collectivum (der Plural resp.) nicht: saiyadât[1]) سيدات, sondern: sadât سادات. — Von ganz besonderem Interesse ist es denn eben, dafs der Autor hier, wie in (19 u.) 25, geradezu einen **gaṇa**, also eine ganze Reihe derartiger Abkürzungen, im **Auge hat**. Leider giebt er nicht an, welche weiteren Wörter dieser Art er im Auge hat. Auch hier entsteht nunmehr die Frage: liegt hierbei etwa die Benutzung eines **fremden** gaṇa, den er als **bekannt** voraussetzt, vor? cf. noch das unten zu 8, 21. 25 Bemerkte.

22. **tat sâdhayatî**[2]) **'ti gar** | *gar* steht im Sinne von: „er bearbeitet, macht es", âhanaṃ sâdhayatî 'ti âhaṃgar آهنگر (Eisenarbeiter), yar sâdhayatî 'ti yargar زرگر (Goldarbeiter), evaṃ durodagar درودگر (carpenter).

23. **tad vikrîṇâtî 'ti**[3]) **pharos**[4]) | pharos im Sinne von: „er verkauft es", so: savujî vikrîṇâti savujîpharos سبزی‌فروش (Gemüsehändler), evaṃ kohanapharos کهنفروش (alte Sachen verkaufend), covapharos چوبفروش (Holzverkäufer).

24. **tad dhârayatî 'ti dân** | *dân* steht im Sinne von: „es enthält das", nimaka(ṃ) dhârayatî 'ti nimakadân نمکدان (Salzfass), ayanakadân عینکدان (Brillenfutteral).

25. **kritavân ity-arthe**[5]) **saṃgâdes tarâç**[6]) | an saṃga usw. tritt **tarâç** im Sinne von: „er hat (es) gemacht": saṃgatarâç سنکتراش (Steinhauer), vuttarâç بتتراش (Bildhauer), covatarâç چوبتراش (Holzschnitzer), camacatarâç چمچه‌تراش (Löffelschnitzer). — Auch hier liegt wie bei (19. u.) 21 ein gaṇa vor, aber mit Angabe wenigstens einiger hergehöriger Wörter.

26. **alpârthe varâke ca caḥ**[7]) | im Sinn von „wenig", und für: verächtlich steht: *caḥ*[8]). alpâ(rthe) **cahapratyayo** bhavati: so: saṃdûkacaḥ صندوقچه (a small chest), paravânacaḥ پروانچه (ein kleiner Papagei? oder: a small moth. پروانه bedeutet resp. nach Johnson speciell: ordre, license, permit), degcaḥ دیگچه (a small cauldron).

27. **alpa-tuccha-niṃdârthe kaḥ** | (auch *ka* steht für: wenig, erbärmlich, resp. in tadelndem Sinn: so: inak اینک das da! janak زنک (ein

---

[1]) cf. aber saidâd oben p. 34, im Schol. zu 6, 1. [2]) sâdha° Cod.; im Schol. sâdha°. [3]) °ṇâti Cod. [4]) so durchweg, statt: pharoç! [5]) tarthaḥ Cod. [6]) deḥ çtarâç Cod. [7]) carâke caḥ Cod. [8]) Deminutiv-Affix.

kleines Weib), rindak رندک (ein arger Schelm), mardak مردک (ein kleiner Mann).

28. âlamaḥ panâhe । hier ist der Wortlaut wohl verderbt, und es fehlt etwas, da nur zwei persische Wörter im Text stehen; auch im schol. steht nur: âlamapanâhaḥ عالمپناه (Zuflucht der Welt, cf. 4, 5). Der Text besagt nur: âlam wird gebraucht, wenn panâha folgt, vermuthlich etwa: zur Verstärkung der Bedeutung desselben; grade dies aber fehlt; wenn 28 hinter 29 stände, wäre Alles in Ordnung.

29. prakarshe 'rthe[1]) tara । im Sinne der Verstärkung tritt tara an, atiçayena der (langsam) dertar دیرتر; ebenso: yûdatar çighrataram[2]) schneller زودتر, khûytar[3]) خوبتر (besser), badtar بدتر (schlechter), mulâyamtar ملائمتر (passender), savuktar سبکتر (leichter); ity-âdi.

30. murdâd âraḥ । hinter murda tritt *âra*: die Angabe: wann? fehlt, nach dem Schol.: svayammṛite, im Sinne von: von selbst verendet[4]), murdâra(ḥ): مُردار todtes Aas. — Hiermit geht dem Autor der Athem aus; er schliefst mit der Angabe, dafs man sich die weitern taddhita-Affixe nach Gefallen zurechtlegen möge:

31. ity-âdi yathâdarçanam taddhitapratyayâ vidheyâḥ । iti çrîmahîmahendra-çrîmad-Akavara °kâçe taddhitaprakaraṇam samâptam.

§. 7.

athâ 'khyâtaprakriyâ nirûpyate, nun das Verbum.

Dies ist der Haupttheil des Werkes, schon dem Umfange nach, 21 foll. von 37. Und hier entfaltet denn der Autor seine ganze Kunst, um durch die Verwendung von Substitution, Elision und Zusatz das persische Verbum den Dictaten der indischen Grammatik entsprechend darzustellen. Er führt zunächst (2-13) sieben (!) Gruppen von Personalendungen auf, kleidet dieselben resp. zum Theil und zwar ganz unnöthiger Weise speciell in Pâṇini'sche Form ein, und lehrt dann sehr lakonisch (17fg.),

[1]) so auch im Schol., statt 'rshârthe.

[2]) ausnahmsweise mal wieder mit Übersetzung! [3]) shû Cod.

[4]) nicht auf der Jagd erlegtes resp. nicht geschlachtetes Thier.

dafs und wie alle diese Endungen — zu beseitigen sind, und was resp. an ihre Stelle tritt. Er beginnt auch grofsartig mit „ḷ bhû usw.“, um dann sofort das persische Substitut „für Praesens usw.“ (16), resp. für die nach der „Vergangenheits“-Form (27) sich bildenden weiteren Formen anzugeben. Und der Hauptinhalt des ganzen Capitels (40-237) besteht dann eben einfach nur in der Aufführung dieser beiden Formen, für Praesens usw. und für Vergangenheit usw., für eine ganze Reihe von, in Summa 95, Wurzeln, die sämmtlich zunächst strict in der Form des Pâṇini'schen Dhâtupâṭha aufgeführt werden. Den Schlufs machen (238 fg.) Regeln über die Bildung der causalen Form, im Präsens und in der Vergangenheit, für 49 Verba.

1. Pârasikabhâshâyâṃ bhv-âdaya eva dhâtavaḥ, teshâm evâ ''deçena rûpântyâpattiḥ ı in der P. sind dieselben Wurzeln (wie im Sanskṛit), mit bhû beginnend: dieselben erhalten aber durch Substitution eine andere Gestalt (statt: rûpânt*y*âpattiḥ ist: rûpânt*ar*âpat tiḥ zu lesen). — Und zwar treten auch da (zunächst im Praesens):

2. tiv-âdayaḥ[1]) ı die Endungen tip usw. an: tatrâ 'pi vartamânârthe tiv-âdayaḥ: — jedoch mit der Mafsgabe, dafs:

3. Pârasikabhâshâyâṃ çavdânâm iva dhâtûnâm api dvivacanâbhâvaḥ ı wie bei dem Nomen (s. 2, 2), so auch bei den Verben der Dual fehlt. Es bleiben somit von den tiv-âdayaḥ übrig:

4. tip anti, sip tha, mip mas ı tip und anti, sip und tha, mip und mas, wovon, s. Regel 14, je zwei eine der drei Personen vertreten, und für Singular resp. Plural gelten. Wenn der Autor hierbei den Pâṇinischen anubandha in ti*p*, si*p*, mi*p* beibehält, so ist dies eine völlig unnütze Renommage, da das pittvam Pâṇini's hier gar nichts zu suchen hat, indem der Autor ja sofort (s. 17) Substitute für alle diese „tip usw.“ aufführt. Er treibt diese unnütze Renommage aber noch weiter, indem er das Pâṇinische pittvam auch noch weiter, und zwar nicht nur auf die Imperativ-Endungen (s. 7) und Imperfect-Endungen (s. 9) ausdehnt, wo dasselbe im Sanskṛit in der That specielle Bedeutung hat, sondern auch auf den Conditionalis und das Futurum (s. 12), wo es auch im San-

[1]) tivâ statt: tibâ; *b* wird in der Handschrift überhaupt nur sehr selten gebraucht; um dies zu zeigen, schliefse ich mich stets genau an sie an, s. pag. 9 (5).

skṛit nur partiell (für die Betonung) von Bedeutung sein würde. Wozu er aber überhaupt dieses pittvam hier heranzieht, wenn es eben nicht blos eine Art Schmuck sein soll, bleibt um so unklarer, da der Autor sogar auch selbst im weitern Verlauf davon ganz absieht, resp. in Regel 28 von: dilopa, nicht von: divlopa, und in Regel 41 von: ter lopa, nicht von: tipo lopa spricht. Wie er denn auch in 4, 18. 8, 2 die Personalendungen einfach als: ty-âdi, nicht als: tiv-âdi bezeichnet. Die dritte Pers. Plur. führt er im Übrigen abweichend von Paṇini nicht als: jhi, sondern direct als: anti auf. — Der weiteren Darstellung wird zunächst noch vorausgeschickt, dafs:

5. âtmanepadaṃ ca na dṛiçyate | ein Âtmanepadam nicht[1]) vorhanden ist. — Das Vorstehende würde für den Bedarf der Pâr. eigentlich schon genügen; indessen unser Autor thut eben noch ein Übriges und führt, dem Sansk. zu Liebe, noch weitere Gruppen von Personalendungen auf, die er dann natürlich weiterhin alle erst wieder durch Elision etc. beseitigen mufs.

6. vidhisaṃbhâvanayoḥ yât yus, yâs yâta[2]), yâṃ[3]) yâma | beim Befehl (Pâṇ. 3, 3, 161: Kât. 3, 1, 120) und beim Zutrauen (für-möglich-Halten: Paṇ. l. c. 154. 155) treten für tip usw. die aufgeführten Endungen ein [Potentialis].

7. âçîḥpreraṇayoḥ tup antu, hi ta, ânip âmap | dies sind die Endungen bei Wunsch (Pâṇ. 3, 3, 173) und Antrieb [Imperativ]; — tup ânip âmap sind eigene termini des Autors, s. das zu 4 Bemerkte.

8. atitakâlârthe ekâ hyastany eva[4]) voddhavyâ[5]), tasyâm[6]) evâ 'dyatani-parokshayor antarbhâvât | im Sinn der Vergangenheit ist nur eine Form, die „gestrige“ [Imperfect] vorhanden. Es ist dies ein in der Kâtantra Gr. 3. 1, 23. 27 gebrauchter Ausdruck[7]). Pâṇini braucht dafür 3, 2, 111 „anadyatane“ „die hinter dem Heute gelegene Vergangenheit“. — Als Grund giebt der Autor an, dafs die „heutige Vergangenheit“ (Aorist; Pâṇini gebraucht diesen Ausdruck nicht, er er-

---

[1]) cf. 4, 19. [2]) yât Cod. [3]) yâma Cod.
[4]) ava Cod. [5]) vodha° Cod. [6]) tasyà vâ Cod.
[7]) cf. Böhtlingk ZDMG 41, 661 (1887); schon in Kâtyâyana's Pâli Gr. s. Ind. Streifen 2, 324 (1865).

giebt sich aber l. c. aus dem Gegensatz von Regel 110 zu 111) und die Entschwundenheit[1]) [Perfectum: Pâṇ. 3, 2, 115] in der hyastani inbegriffen sind. Dies ist immerhin eine anerkennenswerthe Concession an die factische Sachlage, und erspart dem Autor und uns unnütze Mühe.

9. hyastani, yathâ: dip an, sip ta, amip ma | die Endungen des Imperfects sind: .. : dip, sip, amip sind eigene termini des Autors, s. das zu 4 Bemerkte: das hiesige sip trifft nur äufserlich mit dem in Regel 4 vorliegenden zusammen, da es seinerseits für *s* (wie *dip* für d, amip für am), während dieses für *si* steht. [Imperfect].

10. kriyâtipatane kriyâtipattiḥ[2]), syat syan, syas[3]) syata[4]), syamip[5]) syâma | bei dem Vorüberfliegen (nicht-zu-Stande-kommen) der Handlung tritt die kriyâtipatti (P. 3, 3, 139) ein, mit den Endungen: .. : — syam*i*p (só ist statt: syâ° Cod. zu lesen) ist dem Autor eigen: zu dem °*ip* s. das so eben bei 9 zu *dip*, *sip*, am*i*p, sowie das zu 4 Bemerkte. [Conditionalis].

11. Pârasîbhâshâyâṃ çvastani ca na dṛçyate, tasyâ bhavishyaṃtyâṃ aṃtarbhâvât | eine Form für „morgen eintretend" giebt es in der Pâr. nicht, da dieselbe in der allgemeinen Futurform enthalten ist. — Auch hier schliefst sich der Autor an die Terminologie des Kâtantra an, wo 3, 1, 15, 30 çvastanî (p. 157, 164 bei Eggeling) im Sinne von: Participialfuturum gebraucht ist. Ebenso schon im vârttika zu P. 3, 3, 15.

12. bhavishyaṃtî, yathâ: syatip syaṃti, syasip syatha, syâmip[6]) syâmas | das Futur hat folgende Endungen: ..: auch hier sind syatip, syasip, syâmip dem Autor eigene termini, s. das zu 4 Bemerkte. — Die Namensform: bhavishyantî kennt zwar Pâṇini nicht (er hat nur (cf. unt. Regel 34, 36) das Neutr.: bhavishyat 3, 3, 136 etc.), wohl aber das Kâtantram (3, 1, 15, 72) etc.: und zwar ist es nach dem Schol. zum vârtt. Pâṇ. 3, 3, 15 eine: saṃjñâ prâcâm.

13. âçishi âçiḥ, yât yâyus, yâs yâsta, yâsaṃ yâsma | beim Segenswunsch der Precativ (Pâṇ. 3, 3, 173 u. Kât. 3, 1, 15, 31), mit den Endungen: ....: hier verschont der Autor uns einmal mit seinen pit.

[1]) wörtlich: was jenseit der Augen ist. [2]) ?kriyâpa Cod. [3]) sya Cod.
[4]) syatha Cod. [5]) syâmip Cod. [6]) syamap Cod.

Immerhin hat sich der Autor, wenn er nun einmal alle diese Verbalformen der P. octroyiren wollte, durch diese je aparte Aufzählung ihrer Endungen für seine Darstellung etwas freiere Bahn geschaffen, als wenn er dieselbe vollständig auf das Pâṇini'sche Procrustes-Bett gelagert hätte! — Er schreitet nun zunächst zur Eintheilung der drei Personen, in der Weise des S.:

14. teshâṃ tiv-âdînâṃ shaṇṇâṃ vacanânâṃ teshâṃ[1]) dvayor-dvayoḥ prathamamadhyamottamapurushasaṃjnâ । von diesen sechs Endungen[2]): tip usw. (s. 4 fg.) gelten je zwei für die erste (unsere dritte), mittlere und letzte (unsere erste) Person: — atra nâmni prayujyamâne aprayujyamâne ca prathamapurusho bhavati, tathâ yushmadi madhyamaḥ, tathai 'vâ 'smady uttamaḥ.

15. atha bhv-âder[3]) dhâtos tiv-âdayaḥ pratyayâḥ prayujyaṃte । so treten denn also nun tip usw. an die Wurzeln bhû usw. — Und nun beginnt der Autor sein Substitutions-Werk, indem er, wie bereits bemerkt, an der im Pâṇinischen dhâtupâṭha an der Spitze stehenden Wurzel: bhû, resp. an deren Pârasî-Correlat und -Substitut: çu die Herstellungsweise der aufgeführten sieben Veralformen illustrirt.

16. bhuvo dhâtoḥ çavaḍ[4]) vartamânâdau Pârasîkabhâshâyâṃ । für Wurzel bhû tritt im Praesens usw. çavad شود ein: bhûdhâtoḥ çavad ity âdeçaḥ; — statt: bhû-tip heifst es also nunmehr: çavad-tip: bhûtip iti sthite anena sûtreṇa bhûdhâtoḥ çavad ity âdeçaḥ. — Hiermit sind wir zunächst die Wurzel bhû glücklich los. Nun weiter:

17. tiv-âder me. 'sya[5]) pûrvanipâtaç ca । für tip usw. tritt me مي ein, und zwar tritt dasselbe voran: tiv-âdeḥ[6]) pratyayasya me ity âdeço bhavati, tasya pûrvanipâtaç ca bhavati. — Hiermit sind wir also auch über alle „tip usw." glücklich hinaus: es ist nun blos noch: me çavad مي شود statt: bhavati übrig: me çavad bhavatî 'ty arthaḥ. — Nachdem so mit der 3 p. Singul. Praes. fester Grund gefafst, geht es weiter im Paradigma. Dual giebt's nicht (s. Regel 3). Für die 3 p. Plur.

[1]) dieses teshâṃ ist gänzlich überflüssig.

[2]) vacana bedeutet streng genommen nicht: Endung, sondern: Numerus, ist hier denn eben ungenau gebraucht.

[3]) svâder Cod. [4]) pravad Cod. [5]) tavâder masya Cod. [6]) tavâdeḥ Cod.

erhalten wir statt: bhû-anti zunächst auch wieder (nach 16. 17) nur: me çavad مى شوذ, aber nach:

18. dasya naṃ vahutve prathamapurushasya[1]) | erhält das *d* hierbei einen âdeça[2]): *nam*, der, weil er „*mit*“ ist, *m* als stummen Buchstaben hat, hinter dem letzten Vocal eintritt (dhâtor dakarasya naṃ ity âdeço[2]) bhavati prathamapurushasya vahutve sati, *mi*d antyât svarat paro vaktavyaḥ), so daſs die 3 p. Plur. nunmehr: me çavaṇd مى شوند lautet. — Der Autor hat sich hier einen selbständigen terminus technicus, resp. im Anschluſs an Pâṇ. 1, 1. 47, gebildet. — Wir kommen nunmehr zur Bildung der zweiten Person Praes., zunächst des Singulars:

19. dasya ḍiḥ sipi[3]) | vor sip (2 p. Sgl.) tritt an die Stelle des d (in dem Wurzelsubstitut: çavad) ḍi. d. i. *i*, wonach resp., weil es ḍ als stummen Buchstaben hat, Ausfall des ṭi. d. i. des Wortschlusses (von çavad) vom letzten Vocal ab (hier also des: *ad*) eintritt[4]): dhâtor dasya ḍir ity âdeço bhavati, sipi pratyayavishaye, ḍiti ṭer lopo bhavati. Wir erhalten somit für die 2 p. Singul. (bhavasi ity arthe): me çavi[5]) مى شوى. — Auch dieser terminus *ḍi* ist ganz nach Pâṇinischer Weise (6. 4. 143) gebildet, und zwar hat das *ḍ* hier wirklich seine *volle* Bedeutung, während es bei 1, 36. 6, 2-4. s. 17 als ziemlich überflüssig erscheint.

20. asyo 'padhâyâ eṛ[6]) madhyamottamavahuvacane | im Plural der zweiten und dritten (ersten) Person tritt für das *a*, welches (im çav*a*d) als vorletzter Laut fungirt, *e* ein. dhâtor upadhâyâ akârasya *er*[7]) ity âdeço bhavati, madhyamottamapurushayor vahuvacane vishaye. Wir erhalten somit in der 2. p. Plur. (bhavatha ity arthaḥ): me çaved مىشويد (zur dritten d. i. ersten Pers. Plur. s. sofort).

21. dasya maç co 'ttame | in der letzten (ersten) Person tritt für das *d* der Wurzel (resp. des Wurzelsubstituts: çavad) *ma*. resp. *m*[8]), ein, also im Sing.: me çavam مى شوم, bhavâmi, resp. nach Regel 20 im Plur.: me çavem مى شويم, bhavâmaḥ. — Ein Âtmanepadam ist nicht vorhanden (s. Regel 5), und wir könnten somit weiter gehen. Da schlägt

[1]) cf. Regel 37. [2]) sic! vielmehr âgama! [3]) s. Regel 43. [4]) cf. 8. 17. [5]) bhe çavida Cod. [6]) eva Cod.

[7]) mit der Nominativ-Endung. Ebenso im 32 (während in 31 ohne *s*); cf. Pâṇ. 6. 4. 67 (er lini). [8]) das a von maḥ dient nur zur Aussprache, akâra uccâraṇârthaḥ, cf. nam in 18, sum in 23.

aber dem Autor doch wegen seiner willkürlichen Substitution von: çavad شود „er geht“ für | bhû „sein“ schliefslich noch das Gewissen; er weifs sich aber zu helfen, und erklärt schlankweg, dafs: bhû auch in der Bedeutung: gehen vorkomme! Pàrasîkabhâshâyâṃ me çavad gachatî[1]) 'ti, bhûdhâtuṃ[2]) gamanârtham api paṭhaṃti! — Und nun sind wir also rite praeparirt weiter zu gehn zur Bildung von Potentialis usw.

22. *yâd*-âder[3]) me vàyad, tasya pûrvanipâtaç ca | für die mit *yâd* beginnenden Affixe (s. Regel 6 Potentialis, und 13 Precativ, cf. Regel 38) tritt: me vàyad ein und zwar davor (nämlich vor die Wurzel). Also 3 p. Sing. Pot. me vàyad çavad میبایدشود bhavet, und 3 p. Plur. me vâyad çavaṃd می باید شوند bhaveyuḥ: yâd-âdeḥ[3]) pratyayasya me vàyad ity âdeço bhavati .. *ca*kârâd âçishaç ca (!) yâd-âder me vàyad ity âdeçaḥ. So kommen wir denn hier ziemlich schnell vorwärts: der Autor fafst sich auch selbst kurz, giebt nur das Pàrasî-Paradigma und die skr. Übersetzung dazu.

23. me vàyadaḥ sum-âgamo dasya tâdeçaç ca madhyamottamayoḥ[4]) | in der zweiten und letzten (ersten) Person tritt (in dieses vàyad) ein Augment *sum*, d. i. *s* hinter dem *a*, und an Stelle des *d* tritt *t* (statt vàyad somit: vàyast): also: me vàyasta çavî می بیست شوی (2. p. Sing.), me vàyasta çaved میبیست شوید (2. p. Plur.), me vàyasta çavam میبیست شوم (1. p. Singul.), me vàyasta çavem میبایست شویم (1. p. Plur.). — Die hier vorliegende Verwendung von: باید und بیست „it is necessary, behoves“ geradezu als Flexionsform. resp. deren Scheidung nach den Personen باید für 3 p., بایست für 2. und 1. p., ist immerhin von Interesse! — Das *m* von *sum* markirt, wie bei *num*(18), dafs das *s* nach dem letzten Vocal eingefügt wird; das *u* dient blos zur Aussprache[5]). Der Autor hat im Übrigen nichts zur Erklärung seines terminus.

24. yusy api dasya ḍi vaktavyaḥ | bei yus d. i. (s. 6) in der 3 p. Plur. kann für das *d* (von vàyad) auch ḍi. d. i. *î* unter Ausfall des (dem *d*) vorhergehenden Vocals, eintreten [also: me vày*î* çavaṃd, میبدی شوند][6]). — Der Autor fafst sich hier einmal sehr kurz, giebt nur

[1]) Pers. شو ist beiläufig die vom Avesta her bekannte √shu, çu, die schon Yâska (Nir. 2, 2) speciell den Kamboja zuweist; çavatir gatikarmâ Kambojeshv eva bhâshyate.
[2]) tur Cod.
[3]) yad-âder Cod. beide Male; s. noch Regel 38. 84.
[4]) s. Regel 39.
[5]) cf. *num*, *pum*, *mum* bei Pâṇini.
[6]) P bemerkt hierzu,

die Regel, keine Erklärung, kein Beispiel (auch bei 23 fehlt es an jeder Erklärung). — Es folgt nunmehr der Imperativ.

25. tuv-âder lopo, ve ca vâ ı für tup usw. (s. 7) d. i. für die Imperativ-Endungen findet Ausfall statt und tritt beliebig *ve* به ein, resp. davor: vâ ve ity âdeço bhavati, asya purvanipataç ca: — also 3 p. Imper.: çavad شود und: ve çavad بہ شود, çavaṇd شوند und: ve çavaṇd بہ شوند. Der Autor ist auch hier sehr kurz, giebt nur das persische Paradigma, nicht einmal die skr. Übersetzung dazu.

26. hau dalopo vaktavyaḥ ı in der 2 p. Sgl. tritt Ausfall des *d* ein, çava شو oder: ve çava بہ شو. — Hätte der Autor diese Form, in welcher der Praesens-Stamm rein vorliegt, seiner Darstellung zu Grunde gelegt, würde er sich und seinen Lesern viele Mühe erspart haben! — Die folgenden Formen sind, bis auf die beliebige Zufügung des ve, mit denen des Praesens identisch, werden daher kurz erledigt: 2 p. Plur çaved شويد und ve çaved بہ شويد; — ferner 1 p. Singl. çavam شوم und ve çavam بہ شوم, und 1 p. Plur. çavem شويم und ve çavem بہ شويم. — Wir kommen zum Imperfect, resp. zunächst zu dem dafür zu substituirenden neuen Thema:

27. bhuvaḥ çuda bhûtârthe ı im Sinne der Vergangenheit (bhûta) tritt für ‚ bhû çuda شُد ein. — bhûtârthe ist natürlich dasselbe was atîtakâlârthe in 8. — Es handelt sich nun um die Flexion dieses neuen Substituts, und zwar zunächst um die 3 p. Singl., welche nach Regel 9 dip zur Endung hat. Aber nach:

28. çudâ-"der dilopo vaktavyaḥ ı geht bei Wörtern wie „çuda usw." dies dip einfach verloren; die 3 p. Sing. lautet nur: çuda abhavat شُد. — Durch das âdi nach çuda wird dieser Regel ein allgemeiner Charakter aufgedrückt, und sie dadurch nicht blos für ‚ bhû, resp. deren Substitut çuda, sondern für alle Bildungen wie çuda (cf. oben bei 6, 19!) gültig. — Über dilopa, statt diblopa, s. im Übrigen das auf p. 42 zu Regel 4 Bemerkte. — In der 3 p. Plur. sollte nun nach Regel 9 *an* als Endung antreten. Die nächste Regel aber, die leider ohne Commentar, nur (wie übrigens auch 28) durch das dazugehörige Beispiel illustrirt ist, bestimmt wie folgt:

dafs ihm diese Ausdrucksweise gänzlich unbekannt, nie vorgekommen sei. Auch hat der Text hier unten, nach 39, nichts davon.

29. bhûte nog âgamo vaktavyaḥ ı çudaṇd abhavan شُدند. Mit diesem Wortlaut: „in der Vergangenheit (es ist dies beiläufig überflüssig, da in 27 schon dasselbe steht) tritt ein Zusatz *nok* an“ weifs ich nun aber in der That nichts anzufangen. Der darin angeführte âgama: *nok* tritt, weil mit einem stummen *k* versehen, nach Pâṇ. 1, 1, 46 hinten an. Da die Endung (*an*) aber bereits auf *n* ausgeht, ist kein weiteres *n* nöthig. Es liegt nun nahe, statt *nok* vielmehr *tok* zu lesen. Aber auch dies hilft nichts, da die Form eben doch nicht auf *t*, sondern (nb. geradeso wie beim Praesens, s. Regel 18) auf *d* aus lautet. Für dieses nothwendige *d* aber *fehlt* es eben an einer dasselbe feststellenden Angabe. Es scheint somit einfach geboten, statt *nok* geradezu *dok* zu lesen: das *o* wäre: uccâraṇârthaḥ, d. i. eingefügt um den âgama mit seinem stummen Buchstaben zu verbinden. Es bliebe aber auffällig, warum gerade *o* hierzu auserkoren wäre. Daher ist es wohl besser, nicht: *dok*, sondern, wie mir Böhtlingk vorschlägt, 'no *duk* in den Text zu setzen: *an* erhält den âgama *duk* (über das *u* s. p. 46 n. 5), also: çud + an + d, çudand. — Wir kommen nun zur 2 p. Singul., welche nach Regel 9 çud + sip lauten sollte. Aber nach:

30. sipa î bhûtârthe[1]) ı tritt für sip in der Vergangenheit *î* ein; also: çudî شُدی abhavaḥ. — Auch hier ist bhûtârthe eigentlich überflüssig, denn dafs das sip unserer Regel nicht das sip von Regel 4, sondern das von 9 ist, zeigt der Zusammenhang. — Für die 2 p. Plur. haben wir in:

31. e tasya daḥ ı „e, d für t“ wieder einmal eine sehr kurz ausgefallene Regel; ohne den Zusammenhang, der eben zeigt, dafs es sich hier um die 2 p. Plur. Imperf. handeln mufs, und ohne das Schol. würde dieselbe in der That schwer zu verstehen sein. Es handelt sich danach denn um die Einfügung eines *e* vor dem *ta* der 2 p. Plur. Imperf. (s. Regel 9), und um die Ersetzung dieses *ta* selbst durch *d*: dhâtoḥ parasya[2]) e ity âgamo bhavati te pare, tasya daç[3]) ca, dakârasyâ[4]) 'kâra uccâraṇârthaḥ[5]), çudedd شدید abhavata. — Die nächste Form: 1 p. Sing.

---

[1]) so im Citat zu 47; hier dagegen hat Cod.: si î p̰ bhû*ga*târthe. das *pa* hat hier wohl seine Stelle getauscht, und dabei sein *a* eingebüfst. [2]) parasya pafst hier nicht; es sollte parastât dafür da stehen. [3]) ḍhaç Cod. [4]) ḍhak° Cod. [5]) damit ist also auch das *a* von *da* beseitigt.

çudam شُدم abhavam wird *nur so* aufgeführt, da sie einfach nach Regel 9 (amip) gebildet ist: — für die 1 p. Plur. aber ist eine besondere Regel nöthig:

32. er me bhûte, masyâ 'lopaç ca । „bei folgendem *ma* in der Vergangenheit wird *e* eingefügt, und das *a* von *ma* geht verloren", çudem شُدیم abhavâma. — Über das nominative *s* hinter dem *r* s. p. 45 n. 7; — bhûte ist wieder überflüssig. — An das Imperfect schliefst sich auch hier, wie oben (cf. Regel 10), der Conditionalis:

33. kriyâtipattes tu[1]) dhâtor bhûtavad âdeço, vibhakter me, pûrvanipâtaç ca । im Conditionalis tritt für die Wurzel derselbe âdeça ein, wie bei der Vergangenheit, an Stelle der Flexionsformen (Regel 10) tritt (zunächst, Weiteres vorbehalten, cf. 28 fg.) *me* می und zwar davor, also: me çud میشُد: z. B. agar khijmati[2]) vujurukâṃ râ me kard[3]) vujuruka me çud, een mahatâṃ sevâm akarishyat mahân abhavishyat. wenn er den Grofsen Dienste geleistet hätte, wäre er (selbst) grofs geworden: اگر خدمت بزرگانرا می‌کرد بزرگ می شُد. — Die 3 p. Plur. lautet (nach 29): me çudaṃda می شدند. Die übrigen Personen werden durch ity-âdi usw. abgefunden. — Nun das Futurum:

34. bhavishyataḥ khvâhad, asya[4]) pûrvanipâto dhâtuvat kâryaṃ ca । für die Zukunft (bhavishyatpratyayasya, Regel 12) tritt khvâhad خواهد ein, und zwar davor; dasselbe ist ebenso zu behandeln, wie eine Wurzel (d. i. also: wie çavad zu flectiren).

35. keshâṃ cin mate khâhad[5]) iti । nach Ansicht Einiger lautet die Form: khâhad d. i. das خو ist nicht als: khv, sondern nur als: kh auszusprechen: — zur Bedeutung etc. dieser Futur-Wurzel s. unten 111.

36. bhavishyati[6]) bhûtavad âdeçaḥ । und zwar tritt das Vergangenheits-Substitut der Wurzel auch im Futur für dieselbe ein: wenn wir somit für bhû: çuda. für syatip (s. Regel 12) nach 34: khvâhad haben, so lautet die 3 p. Singl. khvâhad çud خواهد شد bhavishyati: anena bhû-

1) ? so im Schol. zu 47, während hier Cod.: patyâs tu.

2) shi Cod. zu *ti* s. Gl. p. 75 oben p. 30 n. ; oder ob etwa die Idhâfet mit ? cf. Schol. 4. 5 (p. 25 n. 7), 6, 7 (p. 35 n. 6). 3) kardda Cod. 4) shvâhadâ 'sya Cod., shvâhado 'sya im Schol. bei 47. 5) shâ' Cod. 6) tir Cod.

dhâtoḥ çudâdeçaḥ, syatipaḥ khvâhadâdeças[1]), tasya pûrvanipâtaç ca. In der 3 p. Plur. sodann erhält das finale *d* von khvâhad (cf. 34, resp. 18) nach:

37. dasya naṃ[2]) vahutve prathamapurushasya | einen âgama[3]) *nam*, d. i. *n* hinter dem letzten Vocal, khvâhaṇd çud خواهند شد bhavishyaṃti. Und so führt denn der Autor das Paradigma noch weiter durch: 2 p. Singl. khvâhî çud bhavishyasi, 2 p. Plur. khvâhed çud, 1 p. Singl. khvâhaṃ çud, 1 p. Plur. khvâheṃ çud. — Es folgt endlich der Precativ:

38. dhâtor yâdâder me vâyado 'sya pûrvanipâtaç ca | für die mit yâd beginnenden Formen einer Wurzel (cf. 6. 13; hier ist aber der Precativ gemeint) tritt me vâyad ein, und zwar davor (s. 22); also 3 p. Sing. me vâyad çud می باید شُد, 3 p. Plur. me vâyadu çudaṃda[4]) می‌باید شدند. — Es fehlt hier im Übrigen eine Angabe wie bei 36, dafs auch hier beim Precativ wie beim Futur das Wurzelsubstitut in der Form der Vergangenheit sich zeigt. — Die weitere Flexion geschieht (cf. 23) nach:

39. sum-âgamo[5]) dasya tâdeçaç ca madhyamottamayoḥ | wozu der Autor resp. nur das Pârasî-Paradigma beibringt, also: 2 p. Singl. me vâyasta[6]) çudî می بایست شُدی, 2 p. Plur. me vâyasta[7]) çuded می‌بایست شُدید (1 p. Singl. me vâyasta çudam ist ausgelassen), 1. p. Plur. me vâyasta çudem می‌بایست شُدیم.

Mit der Angabe: „und so ist denn auch weiter zu verfahren“ ity-âdi jneyaṃ, resp. den hierauf noch folgenden Worten: iti kecit „so Einige“, die mir übrigens unklar sind, da sie doch eigentlich die allgemeine Anerkennung des Bisherigen gänzlich in Frage stellen (!), schliefs die an das erste Paradigma, √bhû resp. Pâr. çu, angeknüpfte Darstellung der Verbal-Flexion. — Es zeigt sich dabei, dafs der Autor die fundamentale Verschiedenheit in der Bildung der von ihm angesetzten drei Formen: Praesens, Potential, Imperativ von den übrigen vier dgl.: Imperfect, Conditional, Futur, Precativ, dafs nämlich die erstern auf die einfache Wurzel, die anderen auf ein daraus gebildetes Particip Perf. Pass. zurückgehen, im Wesentlichen richtig erkannt hat. Und dem entspricht

[1]) shvâ° Cod. (so durchweg). [2]) nama Cod. [3]) so richtig hier. [4]) hierbei nichts, was Regel 24 entspräche. [5]) sugâganâ Cod. [6]) vâyadasta Cod. [7]) vâyad sta Cod.

denn nun auch seine weitere Darstellung, die sich eben fast nur darauf beschränkt[1]), für die übrigen persischen Verba je diese beiden Stämme, den Praesens-Stamm und den (kurz gesagt) Vergangenheits-Stamm anzugeben, wobei er denn im Schol. ein jedes derselben im Anfang mit grofser, weiterhin mit geringerer Vollständigkeit durchflectirt. — Welches Princip ihn bei der Reihenfolge dieser weiteren Paradigmanta leitet, entzieht sich meinem Erkennen. Von Interesse ist hierbei, dafs er, seinem Princip gemäfs, stets die Sanskṛit-Wurzeln zu Grunde legt, die er dabei stetig zunächst in dér Form aufführt, in der sie in Pâṇini's Dhâtupâṭha vorliegen; und zwar geschieht dies theils, resp. fast regulär, vór den betreffenden Regeln so dafs gewissermafsen eine Überschrift dafür gegeben ist (dém habe ich mich angeschlossen, und somit bei jédem Verbum diese Angabe vorangestellt, so wie überdem die Verba fortlaufend gezählt), theils führt er die Angabe des Dhâtupâṭha erst im Beginn des Schol. auf. Zunächst denn also:

2. asa bhuvi, sein.

40. aso hasta[2]) । aso hasta, für ȷ as tritt hasta ein هست. In der 3 p. Singul. Praes. sollte nun *tip* antreten, fällt aber (und zwar nicht blos im Praesens, sondern auch weiter) ab, nach:

41. vartamânâdau Pârasîkabhâshâyâṃ hastas ter[3]) lopo vaktavyaḥ । es heifst somit einfach blos: hasta هست asti 'ty arthaḥ: von *me*, s. Regel 17, ist hierbei gar nicht die Rede. — Die 3 p. Plur. sollte lauten: hasta[2]) aṃti; aber nach:

42. hasto[3]) 'ṃter daḥ । tritt für aṃti nach hasta *d* ein. So der Wortlaut[4]); gemeint ist aber nur, dafs d für das *ti* von aṃti eintritt: hasta ity asmât parasya aṃti ity asya ter d-âdeço bhavati, also: hastaṃd saṃti هستند. — In der 2 p. Singl. tritt nach:

43. hastaḥ sipo[5]) *ḍi* vaktavyaḥ । ḍi d. i. *i* für sip ein. hastî

[1]) es treten hierzu zunächst noch einige Regeln (40—46) für das Hülfsverbum as, dessen Praesens-Substitut (hast) nicht, wie çavad (und die sonstigen Praesens-Substitute), auf *ad* auslautet, daher besonders behandelt werden mufs. [2]) haçt Cod. mehrfach; da hast aus zd. hist. ȷ stâ, stammt, sollte es eigentlich in der 3 p. Sgl. Praes. auch: has*tad* (s. unten Regel 98!) haben; dafs es nicht so, sondern einfach: hast habe, ist wohl auf den Einflufs von: açti zurückzuführen? [3]) statt ter sollte man tipo erwarten, s. p. 42 bei 4); oder soll dies *ter* etwa auch für 12 gelten? [4]) ist etwa: hasto 'ṃtes *ter* daḥ zu lesen? oder gilt *ter* aus 41 fort (s. soeben)? [5]) ? syaṃpâ Cod.

asi حستى. Das *d*, das bei 19, wo es sich um die Beseitigung eines finalen Consonanten (des *d* von çavad) handelte, ganz berechtigt war (cf. auch 24), hat hier keinen rechten Sinn, s. das zu 1, 36. 4, 2 etc. Bemerkte. — In der 2 p. Plur., also bei hasta tha (s. Regel 4), tritt nach:

44. hastas thasyai 'd ׀ für das tha vielmehr *ed* ein, also hasted stha حستيد. — In der 1 p. Singul. tritt nach:

45. hasto mipo 'm âdeço vaktavyaḥ ׀ *am* für mip ein, also hastam asmi حستم und in der 1 p. Plur. ist nach:

46. hasto masa em[1]) vaktavyaḥ ׀ statt mas vielmehr *em* zu setzen: hastem smas حستيم. — Hier sollten nun Potentialis und Imperativ behandelt werden, sind aber übergangen. Der Autor erledigt Beides durch ein kurzes ityâdi (22-26 gelten also einfach fort) und wendet sich sofort zum Imperfect. — Darin tritt für √as nach:

47. aso vûda[2]) bhûtârthe ׀ vûda als Substitut ein, asa bhuvî 'ti dhâtor vûda ity âdeço bhavati bhûtârthe. Wenn die 3 p. Sing. statt: as dip hiernach: vûda dip heifsen sollte, so tritt nunmehr nach Regel 28 dilopa, Ausfall der Endung dip, ein; die 3 p. Singul. heifst somit nur: vûd âsît بود; — die weitere Flexion lautet: 3 p. Plur. (nach Regel 29, leider nicht citirt) vûdaṃda âsan بودند, 2 p. Singl. (nach Regel 30) vûdî âsîḥ بودى, 2 p. Plur. (nach 31) vûded بوديد, sowie (1 p. Singul. vûdam, بودم ist, weil klar, ausgelassen) 1 p. Plur. (nach Regel 32) vûdem بوديم. —

Der Conditionalis bildet sich nach 33: me vûd abhavishyat مى بود, durchflectirt: me vûdaṃd, 2 p. me vûdî me vûded, 1 p. me vûdam me vûdem.

Das Futurum nach 34. 36 khvâhad[3]) vûd khvâhaṃd vûd, 2 p. khvâhî vûd khvâhed vûd, 1 p. khvâham vûd khvâhem vûd.

Ebenso der Precativ (nach Regel 38) me vâyad vûd, pûrvavat.

3. ḍupacash pâke, kochen.

48. pacaḥ payad ׀ für √pac tritt payad پزد als Substitut ein, und zwar: vartamânâdau „im Praesens usw.“ (Praes. Pot. Imperativ). Die Flexion ist wie bisher (cf. 16-39): pûrvavat sâdhanikâ. Der Autor flectirt aber doch das Paradigma durch: Praesens: me payad pacati مى پزد, me payaṃd pacaṃti, 2 p. me payî me payed, 1 p. me payam me

[1]) maṣ râṃ Cod. [2]) asâ bhû ṿda Cod.; das bhû ist völlig überflüssig.
[3]) durchweg: shvâ° (auch im weitern Verlauf).

payem — Potentialis: me vâyad payad ityâdi, Imperativ: payad oder ve payad. 2 p. Singl. (hau) ve paya paya ity-âdi. — Als Vergangenheits-Thema (resp. für Imperfect, Conditionalis, Futurum, Precativ) tritt nach:

49. pukhta[1]) bhûtârthe । dafür: pukhta پُخت ein: der Autor bemerkt ferner: die Flexion wie bisher, pûrvavat sâdhanikâ, flectirt aber doch auch hier durch: Imperfect: pukht apacat, pukhtaṃd apacan, pukhtî[2]) apacaḥ, pukhted apacata, 1 p. pukhtam pukhtem, — Conditionalis me pukht apakshyat, — Futur khvâhad pukht pakshyati, khvâhaṃd pukht, 2 p. khvâhî pukht khvâhed pukht, 1 p. khvâham pukht khvâhem pukht. — Precativ me vâyad pukht: pûrvavat.

4. dṛçir prekshaṇe, sehen.

50. dṛço vinad । für] dṛç tritt vinad بیند ein. Also: Praesens: 3 p. me vinad me vinaṃd, 2 p. me vinî mevined. 1 p. me vinam me vinem, — Potential: me vâyad vinad paçyet, — Imperativ vinad paçyatu, 2 p. Sing. vin oder ve vin paçya.

51. dîd bhûtârthe । in der Vergangenheit tritt dafür dîd ein, دید. Also: dîd apaçyat dîdaṃd apaçyan. dîdî[3]) apaçyaḥ dîded apaçyata, 1 p. dîdam dîdem; — Conditionalis: me dîd adrakshyat[4]). — Futur khvâhad dîd drakshyati[5]). khvâhaṃda dîd, 2 p. khvâhî dîd khvâhed dîd, 1 p. khvâham dîd khvâhem dîd, — Precativ: me vâyad dîd.

5. çru çravaṇe, hören.

52. çṛṇoteḥ çinavad । für] çru tritt çinavad ein شنود.

53. kvacit çanavad । hie und da lautet die Form: çanavad. — — Flexion wie bisher, sâdhanikâ pûrvavat. Also: Praesens: 3 p. me çinavad me çinavaṃd, 2 p. me çinavî me çinaved. 1 p. me çinavam me çinavem; — Pot. me vâyad çinavad, — Imperativ çinavad oder ve çinavad, 2 p. çinava[6]) ve çinava çṛṇu.

54. çanîd bhûtârthe । in der Vergangenheit çanîd شنید.

55[7]). kvacit çunîd. kvâ 'pi çunûd[8]), çinîd[9]) ity api ca kvacit । daneben kommen auch çunîd, çunûd[8]) und çinîd[9]) vor (die beiden letzten Formen sind nur erschlossen, da die Lesarten der Hand-

[1]) pusht Cod. (durchweg). [2]) pushta Cod. [3]) dîd Cod. [4]) adṛi° Cod. [5]) dṛi° Cod. [6]) *ri* çinava Cod. [7]) Halbçloka! [8]) çuṇd Cod. [9]) ? çanîd.

schrift nicht ausreichen; çinîd entnehme ich resp. aus der nun folgenden Aufführung des Paradigma, wo es sich mehrere Male findet). Also: çanîd açrinot, çinîdamd açrinvan, 2 p. çanîdî çanîded, 1 p. çanîdam çanîdem; — Conditionalis: me çinîd açroshyat; — Futur: khvâhad çanîd khvâhaṃda çinîd, 2 p. khvâhî çinîd khvâhed çinîd. 1 p. khvâham çinîd khvâhem çinîd, — Precativ me vâyad çanîd.

6. ghrâ gaṃdhagrahaṇe, riechen.

56. ghro voyad | für √ghrâ tritt voyad ein بويد, Praesens 3 p. me voyad me voyaṃd, 2 p. me voyî me voyed, 1 p. me voyam (me voyem fehlt), — Pot. me vâyad voyad, — Imper. voyad ity-âdi.

57. voyîd bhûtârthe | in der Vergangenheit voyîd بوييد. Imperfect 3 p. voyîd voyîdaṃd, 2 p. voyîdî voyîded, 1 p. voyîdam voyîdem, — Condit. me voyîd, — Futur 3 p. (khvâhad voyîd, fehlt) khvâhaṃd voyîd, 2 p. khvâhî voyîd khvâhed voyîd, 1 p. khvâham voyîd khvâhem voyîd, — Precativ me vâyad voyîd.

7. vrûñ vyaktâyâṃ vâci, sprechen.

58. vrûño goyad | für √vrû tritt goyad ein گويد. Also Praes. me goyad me goyaṃd, 2 p. me goyî me goyed, 1 p. me goyam me goyem; — Pot. me vâyad goyad, — Imperat. goyad (kleine Lücke).

59. bhûtârthe guphta | in der Vergangenheit guphta گفت; — Imperf. 3 p. gupht guphtaṃd, 2 p. guphtî guphted, 1 p. guphtam guphtem, — Cond. me gupht, — Fut. khvâhad gupht ity-âdi.

8. liha âsvâdane, lecken.

60. liho lesad | für √lih tritt lesad[1]) ein ليسد: Praes. me lesad me lesaṃd, me lesî me lesed, me lesam me lesem, — Pot. me vâyad lesad, ity-âdi.

61. bhûtârthe lesîd | in der Vergangenheit lesîd ليسيد. Imperf. lesîd lesîdaṃd, 2 p. lesîdî[2]) lesîded, 1 p. lesîdam (lesîdem fehlt); Condit. me lesîd, — Futur khvâhad lesîd, ity-âdi.

9. camu âcamane, schlürfen.

62. camaç caçad | für √cam tritt caçad ein, چشد, Praesens: me caçad me caçaṃd, 2 p. me caçî me caçed, 1 p. me caçam me caçem, — Pot. me vâyad (nichts weiter; offenbar eine kleine Lücke).

---

[1]) so im Hindust.; im Pers. wird lis° gesprochen! [2]) lemelesîd Cod.

63. caçid bhûtârthe | in der Vergangenheit caçid چشید; Imperf. caçid, caçidaṇd, 2 p. caçidi caçided, 1 p. caçidam caçidem. — Cond. me caçid, — Fut. khvâhad caçid. — Prec. me vâyad caçid.

10. khâda bhakshaṇe, verzehren.

64. khâdaḥ khorad[1]) | für] khâd tritt khorad خورد ein. Praes. me khorad me khoraṇd, 2 p. me khorî me khored, 1 p. me khoram me khorem; — Pot. me vâyad khorad, — Imp. ve[2]) khorad, 2 p. ve[2]) khor.

65. bhûtârthe khurda[3]) | in der Vergangenheit khurda خوردْ. — Imperf. khurd khurdaṇd, 2 p. khurdî khurded, 1 p. khurdam khurdem, — Cond. me khurd[4]) ity-â(di), — Fut. khvâhad khurd ity-âdi, — Prec. me vâyad khurd ity-â(di).

11. pâ pâne[5]), trinken.

66. pivater âçâmad | für] pâ tritt âçâmad ein آشامد; me âçâmad me âçâmaṇd, 2 p. me âçâmî me âçâmed, 1 p. me âçâmam me âçâmem: — Pot. me vâyad âçâmad, — Imper. 2 p. ve âçâm[6]).

67. bhûtârthe âçâmîd[7]) | in der Vergangenheit âçâmîd آشمید: — Imperf. 3 p. âçâmîd, âçâmîdaṇd, 2 p. âçâmîdî, °ded, 1 p. âçâmîdam °dem: — Cond. me âçâmîd, — Fut. khvâhad âçâmîd pâsyati, ity-âdi.

11. graha upâdâne, ergreifen.

68. graho girad | für] grah tritt gîrad ein گیرد: Praes. me gîrad me gîraṇd, 2 p. me gîrî me gîred, 1 p. me gîram me gîrem, — Pot. me vâyad gîrad, — Imp. 2 p. ve gîr, ity-âdi.

69. giriphta bhûtârthe | in der Vergangenheit giriphta گرفت: — Imperf. giripht, giriphtaṇd, 2 p. giriphtî °phted, 1 p. giriphtam °phtem, — Condit. me giripht, — Fut. khvâhad giripht, — Prec. me vâyad giripht.

12. Causativ von] jnâ mit â, befehlen.

70. âjnapeḥ pharamâyad | für âjnap[8]) tritt pharamâyad ein فرمید. Praes. me pharamâyad âjnâpayati, me pharamâyaṇd, 2 p. me pharamâyî °yed, 1 p. me pharamâyam °yem: Pot. me vâyad pharamâyad: — Imper. ve pharamâyad, 2 p. ve pharamâya فرمی (فرم).

---

[1]) durchweg shor°. [2]) vo Cod. [3]) durchweg shurda. [4]) shurada Cod. [5]) pâṇe Cod. [6]) âçâmi Cod. [7]) °de Cod. [8]) ânpûrvasya jnapeḥ.

71. bhûtârthe pharamûd । in der Vergangenheit pharamûd فرمود; — Imperf. pharamûd, pharamûdamd, 2 p. °dî °ded, 1 p. °dam °dem, — Cond. me pharamûd; — Fut. khvâhad pharamûd, — Prec. me vâyad pharamûd.

14. √âp mit pra, erreichen.

72. prâpe rasad । für √âp mit pra tritt rasad ein رسد; Praes. me rasad prâpnoti, me rasamd, 2 p. me rasî me rased, 1 p. me rasam me rasem; — Pot. me vâyad rasad, — Imperat. ve rasad, 2 p. ve ras[1]).

73. bhûtârthe rasîd । in der Vergangenheit rasîd رسيد; — Imperfect rasîd rasîdamd, 2 p. rasîdî, °ded, 1 p. °dam °dem; — Condit. me rasîd, — Fut. khvâhad rasîd, — Prec. me vâyad rasîd.

15. dulabhash prâptau, gewinnen.

74. labho yâvad । für √labh tritt yâvad ein يابد[2]); Praes. me yâvad me yâvamd, 2 p. me yâvî me yâved, 1 p. me yâvam me yâvem; — Pot. me vâyad yâvad, — Imp. 2 p. ve yâva: ity-âdi.

75. yâphta bhûtârthe । in der Vergangenheit yâphta يافت; — Imperf. yâphta, °tamd, 2 p. yâphtî °ted, 1 p. yâphtam °tem; — Cond. me yâphta, — Fut. khvâhad yâphta, — Prec. me vâyad yâphta.

16. muca mocane, lösen.

76. muco rasta bhûtârthe । für √muc befreien tritt in der Vergangenheit rasta ein رست. Hier ist offenbar eine Lücke in der Handschrift: es fehlt die Angabe über das Praesens-Thema; der Text mufs lauten:

76. muco rahad । 77. rasta bhûtârthe: im Schol. ist auch noch von vartamânâdau die Rede, die Beispiele zu rahad رهد aber fehlen vollständig, und liegen nur die zu rast vor. Folgendes ist der Wortlaut der ganzen Stelle: muca mocane, muco rasta bhûtârthe । muca mokshaṇa ity asya dhâto rasta (sic!) ity âdeço bhavati vartamânâdau Pârasîkabhâshâyâṃ, rasta[3]) amu(ṃ)cad ity arthaḥ, rastaṃda rastî rasteda rastam 21[b] rastem, kriyâyâṃ[4]) tu me rasta, bhavishyatkâle khvâhad[5]) rasta mokshyatî 'ty arthe, me vâyad rasta.

Es fehlt auch noch der Text des nächsten sûtra, welches sich auf 16. gamḷi gatau bezieht, und den ich wie folgt aus dem Schol. restituire:

[1]) rasâ Cod. [2]) entstanden aus âp. [3]) °stâ Cod. [4]) d. i. kriyâtipattau.
[5]) shvâhadû Cod.

17. gaṃḷi gatau, gehen.

78. gamo ravad । für √gam tritt ravad ein رود: — Praes. me ravad, me ravaṃd, 2 p. me ravî me raved, 1 p. me ravam me ravem. — Pot. me vâyad ravad. — Imper. ve ravad, 2 p. ve rav[1]).

79. raphta bhûtârthe । in der Vergangenheit tritt raphta ein رفت: Imperf. raphtaṃd, 2 p. raphti raphted, 1 p. raphtam raphtem. Cond. me raphta. — Fut. khvâhad rapht, — Prec. me vâyad rapht.

18. yâ (mit â) prâpaṇe, anlangen.

80. âyâter[2]) âyad । für √yâ mit â tritt âyad ein آيد: — Praes. me âyad âyâti me âyaṃd; 2 p. me âyi me âyed, 1 p. me âyam me âyem, — Pot. me vâyad âyad, — Imper. ve âyad, 2 p. ve âya آی (?).

81. âmad bhûtârthe । in der Vergangenheit âmad آمد; — Imperf. âmad, âmadaṃd, 2 p. âmadî âmaded, 1 p. âmadam °dem: — Cond. me âmad. — Fut. khvâhad âmad, — Prec. me vâyad âmad.

19. vasa nivâse, wohnen.

82. vaso vâçad । für √vas tritt vâçad[3]) ein وشد: Praes. me vâçad me vâçaṃd, me vâçi me vâçed, me vâçam me vâçem: Pot. me vâyad vâçad[3]); — Imper. vâçad, 2 p. ve vâç.

83. vûd bhûtârthe । in der Vergangenheit vûd بود, avasad ity artha ity-âdi, çesham pûrvavat.

20. kshipa preraṇe[4]), werfen.

84. kshipo 'ṃdâyad । für √kship tritt aṃdâyad ein اندايد: — Praesens me aṃdâyad °yaṃd, °yi °yed, °yam °yem; — Pot. me vâyad aṃdâyad (nichts weiter).

85. aṃdâkhta[5]) bhûtârthe । in der Vergangenheit انداخت: aṃdâkht °khtaṃd, °khti °khted, °khtam °khtem; — kriyâyâṃ (Cond.) me aṃdâkht; bhav. (Fut.) khvâhad aṃdâkht. — Prec. me vâyad aṃdâkht.

21. ṇîñ prâpaṇe[6]), heranholen.

86. niyo varad । für √nî tritt برد ein: me varad nayati, me

---

[1]) In ve khad (!), han va ravad (!) Cod. [2]) âyater Cod. [3]) vâsad Cod. [4]) prekshaṇ Cod. (beide Male). [5]) shta Cod. (durchweg). [6]) so nach dem dhâtupâṭha: viya prâpane (dental!) Cod. vor dem sûtra, niya prâpane danach: hier ist somit die Wurzel in einer anderen Form aufgeführt, als in der des dhâtup. ṇîñ), und zwar, s. auch Regel 92, wohl in der Form: niy; cf. pariçiyaḥ in 240 (18).

varaṃda, me varî me vared, me varam me varem, yâd-âdau me vâyad varad, tuv-âdau ve varad, hau ve vara.

87. vurda bhûtârthe | in der Vergangenheit vurda بُرد anayat; vurdamda, vurdî, vurded, °dam °dem, Cond. me vurda, — Fut. khvâhad vurda, — Prec. me vâyad vurda.

22. ḍudâñ dâne, geben.

88. dâño dihad | für √dâ tritt dihad ein دهد; Praesens durchflectirt, Pot. 3 p. Singl., Imper. ve dihad, 2 p. ve diha.

89. dâd bhûtârthe | in der Vergangenheit dâd داد; — Paradigma wie bisher.

23. ḍukṛiñ karaṇe, machen.

90. kṛiñaḥ [1]) kunad | für kṛi tritt kunad ein كند; — Paradigma wie bisher. Der Kürze halber lasse ich fortab, wo nichts besonderes vorliegt, die Angaben hierüber einfach bei Seite, gebe resp. nur die 2 p. Imperat. (hau) an. Hier grade freilich fehlt dieselbe. Das Paradigma schliefst resp.: tuv-âdau ve[2]) kunad karotu ity arthe.

91. karda bhûtârthe | in der Vergangenheit karda كرد.

24. nî mit â, herbeiführen (cf. 86).

92. âñ niya ârad | für nî mit â[3]) tritt ârad ein آرد: in dieser Bedeutung liegt dies Wort aber nicht vor, gehört vielmehr (s. Vullers Gr. p. 150 [2] p. 142) zu آرستن to be able: oder ob آرد contrahirt aus آورد? — 2 p. Imper. (hau) ve âra (ârad Cod.!).

93. âvarda bhûtârthe | in der Vergangenheit âvarda آورد.

25. ḍukrîñ[4]) dravyavinimaye, mit vi: verkaufen.

94. vikrîñaḥ[5]) pharoçad | für krî mit vi tritt pharoçad ein, فروشد; Imper. 2 p. ve[2]) pharoç.

95. pharokhta[6]) bhûtârthe | in der Vergangenheit فروخت.

26. ḍukrîñ dravyavinamaye, kaufen.

96. krîñaḥ[7]) kharad[8]) | für krî kharad خرد: hau ve khar.

97. kharîd[8]) bhûtârthe | in der Vergangenheit kharîd خريد.

27. shṭhâ[9])gatinivṛittau, stehn bleiben.

---

[1]) kriṉ Cod. [2]) va Cod. [3]) âṅpûrvasya niyodhâtoḥ. [4]) ḍukrija Cod. (j für ñ). [5]) vekraṉ Cod. [6]) °roshta Cod. (durchweg). [7]) krîṉ Cod. [8]) shar° Cod. (durchweg). [9]) Westergaard (22, 30) hat: shṭhâ mit dentalem th.

98. stho yestad[1]) । für sthâ tritt yestad ایستد, استد (s. oben p. 51 n. 2) ein. Imp. 2 p. ve yesta.

99. yastâd bhutârthe । in der Vergangenheit yastâd استاد.

28. viça[2])praveçane, eintreten, mit upa sich niederlassen.

100. upâd viço niçinad । für √viç mit upa tritt niçinad نشیند ein: Imp. 2 p. ve niçina.

101. niçasta bhûtârthe । in der Vergangenheit niçasta نشست.

29. pracha jnîpsâyâm[3]), zu erkunden suchen, fragen.

102. prachaḥ purasad । für √prach tritt purasad ein پرسد: Imp. 2 p. ve[4]) puras.

103. purasîd a bhûtârthe । in der Vergangenheit purasîd پرسید.

30. sṛi gatau, (schnell) gehen, laufen.

104. sarater[5]) davad । für √sṛi tritt davad ein دود: Imper. 2 p. Singl. ve dav.

105. davîda bhûtârthe । in der Vergangenheit davîda دوید[6]).

31. dhṛiñ dhâraṇe, halten.

106. dhṛiño dârad । für √dhṛi tritt dârad ein دارد: Imper. 2 p. ve[4]) dâr.

107. dâçta bhûtârthe । in der Vergangenheit dâçta داشت. — Es folgt eine hier etwas absonderliche weil gar nicht zur Flexionslehre gehörige Bemerkung (etwa mitveranlafst durch 109?):

108. udo var । für die Praeposition ud tritt var بر ein. var me dârad uddharati. Potential. me vâyad var dârad. Imper. 2 p. var dâr: ebenso: var dâçta ity-âdi: es handelt sich hier resp. um: بر داشتن to exalt.

32. sthâ mit ud. aufstehen.

109. udaḥ sthaḥ khejad[7]) । für √sthâ mit ud tritt khejad ein خیزد: im Paradigma ist hier resp. (cf. 108) noch var vorgesetzt, also: var me khejad uttishṭhat. var me khejaṃd usw.

[1]) yastad Cod., in der Paradigma aber durchweg: yest . [2]) viçe Cod. [3]) gi Cod., auch im Schol. [4]) va Cod. [5]) der Text ist hier eigen gefafst, lautet nämlich (23[1]): sṛi gatau, vartamâne (sarate)r davada. sṛi gatâv ity asya dhâtor davad ... me davad dhâvati 'ty arthaḥ: wenn der Autor hierbei für √sṛi promiscue die etymologisch zu دود stimmenden √dhâv verwendet, so schliefst er sich dabei direct an Pâṇini (7. 3. 78) an. [6]) auch hier im Paradigma: adhâvad ity arthaḥ. [7]) sho° Cod., durchweg.

110. khâsta[1]) bhûtârthe । in der Vergangenheit khâsta خاست; auch hier ist im Paradigma var vorgesetzt: var khâst, var khâstamd usw., Cond. var me khâst, Fut. khvâhad bar khâst, Prec. me vâyad bar khâst.

33. ishu ichâyâm[2]), wünschen.

111. ishaḥ khâhad[3]) । für √ish tritt khâhad ein خواهد; — Imperat. me khâh; es ist dies die Wurzel, die s. 34. 35 zur Futurbildung dient; eig. aspirare, cf. skr. çvas, eig. svas, unser: sausen.

112. khâsta[4]) bhûtârthe । in der Vergangenheit khâsta خواست.

34. jnâ avavodhane, erkennen.

113. jno dânad । für √jnâ tritt dânad ein داند; Imper. ve[5]) dân.

114. dânista[6]) bhûtârthe । in der Vergangenheit dânista دانست.

35. janî prâdurbhâve, entstehen.

115. janer[7]) yâyad । für √jan yâyad زاید; Imper. 2 p. ve yâya.

116. yâyîd bhûtârthe । in der Vergangenheit yâyîd زایید.

36. likha lekhane, schreiben.

117. likho navîsad । für √likh tritt navîsad ein نویسد.

118. niviçta bhûtârthe । in der Vergangenheit niviçta نوشت.

37. ñishvapa[8]) çaye, schlafen.

119. shvapaḥ[9]) khvâvad[10]) । für √svap tritt khvâvad خوابد ein; Imper. 2 p. ve[5])khvâv.

120. khvâvîd[10]) bhûtârthe । in der Verg. khvâvîd خوابید.

38. vyadha tâḍane, erschiefsen, erschlagen.

121. vyadho yanad । für √vyadh tritt yanad ein زند; Imper. 2 p. ve yan.

122. yaḍ bhûtârthe । in der Vergangenheit yad زد.

39. hana hiṅsâ-gatyoḥ, tödten.

123. hanaḥ kuçad । für √han tritt kuçad ein کشد; Imper. 2 p. ve[5]) kuç.

124. kuçta bhûtârthe । in der Vergangenheit kuçta کشت.

40. mṛiñ prâṇatyâge, sterben.

---

[1]) shâ° Cod., durchweg. [2]) ikshâ° Cod. auch im Schol. [3]) shvâ° Cod., im Schol. durchweg shâ°. [4]) shâsta Cod. durchweg. [5]) va Cod. [6]) dânasti Cod. im Schol. dânist°. [7]) dies ist kein Genetiv zu janî (Westergaard 26, 40), sondern zu jani. [8]) jishvapa Cod. (ñ sieht im Cod. mehrfach dem *j* sehr ähnlich, hier aber liegt wirklich *j* vor). [9]) so Cod. [10]) shvâ° Cod.

125. mṛino mîrad । für √mṛi tritt mîrad ein میرد: Imperf. 2 p. ve[1]) mir.

126. murda bhûtârthe । in der Vergangenheit murda مُرد.

41. tyaja hânau, verlassen.

127. tyajo gujârad । für √tyaj tritt gujârad ein گذارد, resp. (vulgär) گزارد: Imperf. 2 p. ve[1]) gujâra.

128. gudâçta bhûtârthe । in der Vergangenheit gudâçta گذاشت resp. (vulgär) گزاشت.

129. kvacid gujâçta[2]) । hie und da gujâçt: dies ist die richtigere Aussprache, die jedoch in dem nun folgenden Paradigma nur einmal vorliegt; dasselbe lautet nämlich: gujâçtamda, gudâçtî (°çted fehlt), °çtam, °çtem. Cond. me gudâçta, Fut. khvâhad gudâçta, Prec. me vâyad gudâçta.

42. vraja gatau, wandeln, wandern.

130. vrajo gujarad[3]) । für √vraj tritt gujarad ein گذرد; Imperf. 2 p. guyar[5]).

131. gudaçta bhûtârthe । in der Vergangenheit gudaçta گذشت.

43. dañça daçane, beifsen.

132. dañço gajad । für √dañç tritt gajad ein گزد; Imperat. 2 p. ve gaj.

133. bhûtârthe gajid । in der Vergangenheit gajid گزید.

44. ciñ cayane, sammeln.

134. ciñaç cînad । für √ci tritt cînad ein چیند; — Imper. 2 p. ve cîn.

135. bhûtârthe cîd । in der Vergangenheit cîd چید.

45. √ci mit pari, untersuchen.

136. pariciñaḥ[6]) çanâsad । für √ci mit pari tritt çanâsad ein شناسد; Imp. 2 p. ve çanâs.

137. çanâkhta[6]) bhûtârthe । in der Vergangenheit çanâkhta شناخت.

46. rudir açruvimocane, weinen.

---

1) va Cod. 2) ? gutâcta Cod. 3) so Cod., im Paradigma durchweg guyar. 4) ohne ve. 5) ciñ Cod. 6) shta Cod. durchweg.

138. rudiro[1]) giriyad । für √rud tritt giriyad ein, گِرِید, Imper. 2 p. ve[2]) giriya بگِرِی.

139. girista bhûtârthe । in der Vergangenheit girista گِرِست.

47. hasa hasane, lachen.

140. hasaḥ khaṃdad[3]) । für √has tritt khaṃdad ein خندد; Imp. 2 p. ve[4]) khaṃda.

141. khaṃdîd[3]) bhûtârthe । in der Verg. khaṃdîd خندید.

48. laṃghi gatau, mit ud überspingen.

142. ullaṃgher[5]) jahad । für √laṃgh mit ud (utpûrvasya laṃgher dhâtoḥ) tritt jahad ein جهد; Imper. 2 p. ve[4]) jaha.

143. jasta bhûtârthe । in der Vergangenheit jasta جست.

49. ḍudhâñ dhâraṇe, halten, mit pari umthun.

144. paridhâñaḥ[6]) poçad । für √dhâ mit pari tritt poçad ein پوشد; Imperat. 2 p. ve[4]) poça.

145. poçîda bhûtârthe । in der Vergangenheit poçîda پوشید.

50. daha bhasmîkaraṇe, verbrennen.

146. dahaḥ soyad । für √dah tritt soyad ein سوزد; Imperat. 2 p. ve[4]) soya.

147. sokhta[7]) bhûtârthe । in der Vergangenheit sokhta سوخت.

51. vṛisha vṛishṭau, regnen.

148. vṛisho[8]) vârad । für √vṛish tritt vârad ein بارد; Imperat. 2 p. ve[4]) vâr.

149. vârîda bhûtârthe । in der Vergangenheit vârîd بارید.

52. hada[9]) purîshotsarge, sich entleeren (cacare).

150. hado[9]) reyad । für √had tritt reyad ein ریزد; Imperat. 2 p. ve[2]) reya.

151. rekhta[7]) bhûtârthe । in der Vergangenheit rekhta ریخت.

53. mûtri mûtrotsarge[10]), harnen.

152. mûtreḥ[11]) çâçad । für √mûtr (mûtray) tritt çâçad ein شاشد; Imper. 2 p. ve[4]) çâç[12]).

---

[1]) Genetiv zu rudir; ebenso sphuṭiraḥ 214; dagegen in 50 dṛiço (Gen. zu dṛiçir, 154 chido Gen. zu chidir, 156 bhido zu bhidir, 200 rico zu ricir. [2]) vi Cod. [3]) durchweg sha° Cod. [4]) va Cod. [5]) ula° Cod. [6]) paridhyañaḥ Cod. [7]) shta Cod. durchweg. [8]) vṛishâ Cod. [9]) dah° Cod. [10]) cf. unten bei 240 (26). [11]) mûtre Cod. [12]) çâçû Cod.

153. çaçîd bhûtârthe I in der Vergangenheit çâçîd چشید.

54. chidir dvaidhîkaraṇe, in zwei schneiden.

154. chido vurrad[1]) I für √chid tritt vurrad ein بُرّد; Praes. me vurarad, me vuraraṇd, 2 p. me vurri me vurared, 1 p. me vuraram me vurarem; Pot. me vâyad vurarad, Imper. ve[2]) vurarad, 2 p. ve[2]) vura.

155. vurrîd[1]) bhûtârthe I in der Vergangenheit vurrîd بُرید.

55. bhidir[3]) vidâraṇe, (sich) spalten.

156. bhidas tarkad[4]) I für √bhid tritt tarkad ein ترکد; Imperf. 2 p. ve[2]) tark.

157. tarkîd[4]) bhûtârthe I in der Vergangenheit tarkîd ترکید.

56. dṛin vidâraṇe, zerbrechen, zerreifsen.

158. dṛino darrad[5]) I für √dar tritt darrad ein دَرّد.

159. darrîd[5]) bhûtârthe I in der Vergangenheit darrîd دَرّید.

57. kṛisha karshaṇe, ziehen, zerren.

160. kṛishaḥ kaçad I für √kṛish tritt kaçad ein کشد: die Aufführung des Paradigma begnügt sich fortab mit einer einzigen Form (3 p. Sgl. Praes., resp. Imperfect).

161. kaçîd bhûtârthe I in der Vergangenheit kaçîd کشید.

58. patḷi patane, fallen.

162. pato[6]) yaphtad I für √pat tritt yaphtad ein اُفتد.

163. aphtâd[7]) bhûtârthe I in der Vergangenheit aphtâd افتاد.

59. vaṇdha vaṇdhane, binden.

164. vaṇdho vaṇdad I für √bandh tritt vaṇdad ein بندد.

165. vasta bhûtârthe I in der Vergangenheit vasta بست.

60. cura[8]) steye, stehlen.

166. corer dujdad I für √cur tritt dujdad ein دزدد.

167. dujdîd bhûtârthe I in der Vergangenheit دزدید.

61. ruha janmani, entstehen, wachsen.

168. ruho royad I für √ruh tritt royad ein روید.

---

[1]) vurar Cod. durchweg: nur einmal richtig (2 p. Praes. me vurri), und einmal blos einfaches r in: vura (2 p. Imp.). [2]) va Cod. [3]) bhidara Cod. [4]) tarak Cod. (durchweg); das sûtram selbst fehlt, ergiebt sich aber aus dem Schol. [5]) darar Cod. (durchweg). [6]) patano Cod. [7]) astâda Cod. [8]) so Cod., s. Westerg. 32, 1.

169. royîd bhûtârthe । in der Vergangenheit royîd روزید.
62. cuvi vaktrasaṃyoge, küssen.
170. cuver vosad । für √cumb tritt vosad ein بوسد.
171. vosîd bhûtârthe । in der Vergangenheit vosîd بوسید.
63. phulla vikasane[1]), aufblühen.
172. phullaḥ[2]) çukuphad[3]) । für √phull tritt çakuphad ein شکفد.
173. bhûtârthe çukuphta । in der Verg. çukuphta شکفت.
64. jîva prâṇadhâraṇe, leben.
174. jîvo yîyad । für √jîv tritt yîyad ein زید.
175. yîsta bhûtârthe । in der Vergangenheit yîsta زیست.
65. takshû[4]) tanûkaraṇe, behauen.
176. takshṇotes tarâçad । für √taksh tritt tarâçad ein تراشد.
[177. tarâçîd bhûtârthe । in der Vergangenheit tarâçîd تراشید];
dies fehlt in der Handschrift, ist aber entschieden zu ergänzen.
66. yabha[5]) maithune, beschlafen (ein Weib).
178. yabho gâyad । für √yabh tritt gâyad ein گاید.
179. gâîd bhûtârthe । in der Vergangenheit gâîd گائید.
67. ṭuvepṛi[6]) kampane, zittern.
180. vepo larayad । für √vep tritt larayad ein لرزد.
181. larayîd bhûtârthe । in der Vergangenheit larayîd لرزید.
68. kala saṃkhyâne, zählen.
182. kalaḥ çumârad । für √kal tritt çumârad ein شمارد.
183. çamurda bhûtârthe । in der Vergangenheit çamurda شمرد.
69. syandû[7]) prasravaṇe, fortfliefsen, tröpfeln.
184. syaṃdaç cakad । für √syand tritt cakad ein چکد.
185. cakîd bhûtârthe । in der Vergangenheit cakîd چکید.
70. nṛitî gâtravikshepe, die Glieder werfen, tanzen.
186. nṛito raksad[8]) । für √nṛit tritt raksad ein رقصد.

---

[1]) vikapâne Cod. (für °çane!). [2]) phulla Cod. [3]) sakuphad Cod., aber im Schol. çuk°. [4]) tajna Cod.; s. Westergaard 17, 3. [5]) eig. gabh, hinabtauchen; cf. gabha cunnus Vâjas. S. 23, 22. 24; beide Formen, mit g und mit y, müssen aber schon in indogerm. Zeit neben einander, als Wurzel-Varianten, bestanden haben, ähnlich wie dies wohl für yuvan. eig. schnell, und ved. jû anzunehmen ist; vgl. noch ahd. chebisa, Kebse (resp.cf. yîyaps). [6]) ṭuvepra Cod. [7]) so Westergaard (18, 22); spaṇda Cod. (sp° durchweg). [8]) rakas° Cod.

187. rakṣid bhûtârthe | in der Vergangenheit raksid رقصید.

71. bhramu calane[1]), hin und herschwanken.

188. bhramo garddad | für √bhram tritt gardad ein گردد.

189. gardîd bhûtârthe | in der Vergangenheit gardid گردید.

72. khanu avadâraṇe[2]), graben.

190. khanaḥ kanad | für √khan tritt kanad ein کند.

191. kaṃda bhûtârthe | in der Vergangenheit کند.

73. ṭuvap vîjataṃtusaṃtâne[3]), säen (und spinnen, weben).

192. vapaḥ kârad | für √vap tritt کارد ein.

193. kâçta bhûtârthe | in der Vergangenheit کشت.

74. veñ[4]) taṃtusaṃtâne, weben.

194. veño[5]) vâphad[6]) | für √ve tritt vâphad[7]) ein بافد.

195. bhûtârthe vâphta | in der Vergangenheit vâphta بافت.

75. vyeñ saṃvaraṇe[7]), einhüllen.

196. vyeñaḥ[8]) poçad[9]) | für √vye tritt poçad ein پوشد.

197. poçida bhûtârthe | in der Vergangenheit poçida پوشید.

76. budha avagamane[10]), verstehen.

198. vudhaḥ phahamad | für budh tritt phahamad ein فهمد.

199. phahamîda bhûtârthe | in der Verg. phahamîd فهمید.

77. ricir vireeane, entleeren.

200. rico reyad | für √ric tritt reyad ein ریزد.

201. rekhta[11]) bhûtârthe | in der Vergangenheit rekht ریخت.

78. tapa saṃtâpe, wärmen.

202. tapas tâvad | für √tap tritt tâvad ein تابد.

203. tâvida bhûtârthe | in der Vergangenheit tâvîd تابید.

79. râja dîptau, glänzen.

204. râjo yevad | für √râj tritt yevad ein زیبد[12]).

205. yevîda bhûtârthe | in der Vergangenheit زیبید.

80. cala saṃcalane, sich hin und her bewegen.

---

[1]) s. auch unten nro. 94. [2]) avadâraṇa, eig. bersten machen, s. Westergaard 21, 14. [3]) so auch Sâyaṇa zu Ṛik. 1. 3, 5 (Müller 70, 7) man sollte uayoḥ erwarten; Westergarad (23, 34) hat: vîja-saṃtâne; vap, spinnen, weben, ist wohl nur eine Verwechselung mit vay vi). [4]) veyû Cod. [5]) vejâ Cod. [6]) vâphat Cod. [7]) ?veja saṃvarṇe Cod. [8]) vejaḥ Cod. [9]) pâçad Cod., aber poç im Schol. [10]) so nach West. 26, 63; vudhya avagame Cod. [11]) shta Cod. [12]) bedeutet nicht direct: glänzen, sondern: schmücken, elegant, schön, pafslich sein.

206. calaç calad । für √cal tritt calad ein چلد.

207. calîd bhûtârthe । in der Vergangenheit calîd چليد.

81. cara bhakshaṇe, abweiden.

208. caraç carad । für √car tritt carad ein چرد.

209. carîd bhûtârthe । in der Vergangenheit carîd چريد.

82. lîñ vilâpe (? °pane?), schmelzen.

210. lîno gudâyad । für √lî tritt gudâyad ein, گدازد vilâpayati; — lîñ vilâpe ist dem dhâtup. unbekannt, cf. lîñ çleshaṇe West. 26, 30 (31, 31) lî dravîkaraṇe 34, 6.

211. gudâkhta[1]) bhûtârthe[2]) । in der Vergangenheit gudâkht گداخت, avilâpaya (!)[3]).

83. kshala çauce, curâdi (schol.), rein waschen.

212. prakshâleḥ çoyad । für das Causale der √kshal mit pra tritt çoyad ein شويد, prakshâlayati.

213. çusta bhûtârthe । Verg. çusta شست aprakshâlayat (!)[3]).

84. sphuṭir viçaraṇe[4]), zerbrechen.

214. sphuṭiraḥ çikanad । für √sphuṭ tritt çikanad ein شكند.

215[5]). çikasta bhûtârthe । in der Vergangenheit çikasta شكست.

85. paṭha vyaktâyâṃ vâci, laut recitiren.

216. paṭhaḥ khvânad[6]) । für √paṭh tritt khvânad ein خواند.

217. khvânda[7]) bhûtârthe । in der Verg. khvând[8]) خواند.

86. kvatha niḥpâke, auskochen.

218. kvatho yoçad । für √kvath tritt yoçad ein جوشد.

219. yoçîd bhûtârthe । in der Vergangenheit yoçîd جوشيد.

87. îksha darçane, sehen (mit pari, prüfen).

220. pariksho 'jmâyad[9]) । für √iksh mit pari آزمايد.

221[10]). âjmûda bhûtârthe । in der Vergangenheit آزمود.

88. rabha râbhasye, fassen[11]), mit prâ anfangen, unternehmen.

222. prârabho damad । für rabh mit prâ damad دمد.

---

[1]) °dâpta Cod (für dâshta). [2]) fehlt. [3]) sic! für vyalâp°, prâkshâl°. [4]) visa° Cod. [5]) die Regel selbst fehlt (Lücke); im Comm. blos: çikasta asphuṭad; ity-âdi. [6]) shvâ° Cod. [7]) shânda Cod. [8]) shonrî Cod. [9]) °ksho 'tmâyad Cod.; me âjmâyad Schol. [10]) die Regel selbst fehlt (Lücke); im Commentar blos: âjmûda paryaikshate 'tyarthaḥ, ityâdi. [11]) râbhasya von rabhasa, wild, ungestüm, sollte eigentlich eine weit schärfere Bedeutung repräsentiren, als die vom einfachem rabh; zu دميدن pafst es dagegen ganz gut.

223. damida bhûtârthe । in der Vergangenheit damîd دمید[1].

89. kramu pâdavikshepe, schreiten: mit apa abgehen.

224. apakramo ramad । für √kram mit apa ramad رمد.

225. ramida bhûtârthe । in der Vergangenheit ramîd رمید[2].

90. ghaṭa ceshṭâyâm, beschäftigt sein (etwas herzustellen).

226. ghaṭaḥ sâjad[3]) । für √ghaṭ tritt sâjad ein سجد.

227. sâkhta[4]) bhûtârthe । in der Vergangenheit sâkht ساخت.

91. cûrṇa saṃcûrṇane, zermalmen.

228. cûrṇeḥ kovad । für √cûrṇ tritt kovad ein کوبد.

229. kophta bhûtârthe । in der Vergangenheit kophta کوفت.

92. mṛidu mardane, reiben, zerreiben.

230. mṛido mâlad । für √mṛid tritt mâlad ein مالد.

231. mâlida bhûtârthe । in der Vergangenheit mâlîd مالید.

93. ñibhî[5]) bhaye, sich fürchten.

232. bhiyas tarasad । für √bhî tritt tarasad ein ترسد.

233. tarasîd bhûtârthe । in der Vergangenheit tarasîd ترسید.

94. bhramu[6]) anavasthâne, hin und her schwanken.

234. bhramo yumvad । für √bhram tritt yumvad ein جنبد.

235. yumvidâ bhûtârthe । in der Vergangenheit yumvîd جنبید.

95. mṛiga anveshaṇe, suchen.

236. mṛigo yoyad । für √mṛig tritt yoyad ein جوید.

237. yusta bhûtârthe । in der Vergangenheit yustu جست.

Nun folgt ein neuer Abschnitt, von den Causativ-bildungen handelnd, mit der besonderen Überschrift: atha kâritâṃtâḥ.

238. dhâtoḥ preraṇe 'naṃ । an eine Wurzel im Sinne des Veranlassens tritt *anam* d. i. *ana* mit stummem *m*, resp. in Folge dessen hinter den letzten Vocal: — preraṇe prayojakavyâpâre 'rthe 'naṃ pratyayo bhavati, kurvaṃtaṃ kârayati yaḥ sa prayojakaḥ: — also z. B.

1. von √dâ, dihad nach 88, heifst das Caus.: (diha+ana+d) dihânad, دهاند; ḍudâñ dâne, dâño dihad-âdeçaḥ, makâro mitkâryârthaḥ, mid aṃtyât svarât paro vaktavyaḥ: dihaḍ tip iti sthite, me dihaḍ kase urâ digaṛ me pharamâyad (der Eine giebt es —

[1]) دمیدن sich aufblasen: ausbrechen, Angriff machen auf.
[2]) رمیدن to fly in terror. [3]) so Schol., sajada Cod. im sûtra. [4]) shta Cod. [5]) ñibhi Cod. [6]) s. oben nro. 70.

[während] der Andere [dies] befiehlt), مى دهد كسى اورا دگر مى فرمايد iti vâkye dakârasya pûrvam[1]) anam pratyayaḥ, tiv-âder me pûrva nipâtaç ca, me dihânad, dâpayatî 'ty arthaḥ; — Flexion: me dihânad, me dihânaṃd, me dihânî me dihâned, me dihânam me dihânem; — Pot. me vâyad dihânad: — Imper. ve[2]) dihânad, 2 p. ve[2]) dihân[3]).

239. bhûtârthe 'namo 'ṃtyâkârasya lopaḥ । in der Vergangenheit findet Ausfall des zweiten *a* von *anam* statt. dihând دهانْد; — Flexion: dihând dihândand, 2 p. dihândi dihânded, 1 p. dihândam dihândem; — Condit. me dihând; — Fut. khavâhad dihând, — Prec. me vâyad dihând: — und so dann weiter von:

2. pac. 48 payad, nach dem Satze: me payad kase urâ digara me pharamâyad der Eine kocht es, (während) der Andre (dies) befiehlt مى پزد كسى اورا دگر مى‌فرمايد im Praesens: مى‌پزاند (durchflectirt wie eben), — in der Vergangenheit payând پزانْد (gleichfalls durchflectirt): — desgleichen von:

3. dṛiç, 50 vînad, nach dem Satze: me vînad kase urâ digara me pharamâyad der Eine sieht es (während) der Andre (dies) befiehlt مى بيند كسى اورا دگر مى فرمايد im Praesens me vînânad مى بيناند, — in der Vergangenheit: vinând, — und weiter von:

4. çru, 52 çinavad, me çinavânad, Verg. çinavând.

5. ghrâ, 56 voyad, me voyânad, Verg. voyând.

6. lih, 60 lesad, me lesânad, Verg. lesând.

7. cam, 62 caçad me caçânad, Verg. caçând.

8. khâda, 64 khorad, me khorânad, Verg. khorând.

9. pâ, 66 âçâmad, me âçâmânad[4]), Verg. âçâmând[5]).

10. grah, 68 gîrad, me gîrânad, Verg. gîrând.

11. √âp, 72 rasad, me rasânad, Verg. rasând.

12. gam, ravad, sollte ravânad, ravând bilden, aber nach:

240. ravado 'nami[6]) ra ity âdeço vaktavyaḥ । tritt für ravad vor anam *ra* als âdeça ein. also Praes. me rânad gamayati مى راند [Verg. rând][7]); es wird dies rânad im Übrigen speciell nur vom Treiben

---

[1]) vor dem finalen *d* von dihad. [2]) va Cod. [3]) ᶜnî Cod.! [4]) âçâmad Cod. [5]) fehlt Cod. Lücke. [6]) 'nami Cod. [7]) fehlt Cod

des Viehes[1]) gebraucht: vyavasthayâ[2]) paçucâlana eva me rânad ity asya prayogaḥ (nach **P** ist dies unrichtig, und bedeutet راند allgemein: treiben, to push).

13. labh, 74 yâvad, me yâvânad, Verg. yâvand.

14. kship, 81 andâyad, [me andâyânad, Verg. °dâyand][3]).

15. vraj, 130 gujarad, me gujarânad, Verg. gujarând.

16. daṅç, 132 gajad, me gajânad ity-âdi.

17. ci, 134 cînad, me cinânad, Verg. cinând.

18. ci mit pari, 136 çanâsad[4]), me çanâsânad[5]) ity-âdi.

19. rud, 138 giriyad, me giriyânad, Verg. giriyând.

20. has, 140 khandad[6]), me khandânad, Verg. khandând.

21. laugh mit ud, 142 jahad, me jahânad, Verg. jahând[7]).

22. dhâ mit pari, 144 poçad, me poçânad, Verg. poçând.

23. dah, 146 sûyad[8]), me sûyânad, Verg. suyând.

24. vṛish, 148 vârad, me vârânad, Verg. vârând.

25. had, 150 reyad[9]), me reyânad, Verg. reyând.

26. dhûñ vikampane[10]), schütteln, dhûñaḥ sâsad, me sâsânad[11]), sâsânda: — der Text ist hier auffällig: zwischen had 150 und chid 154 steht oben in 152 nicht dhûñaḥ sâsad, sondern: mûtreḥ çâçad: dhû liegt hier überhaupt gar nicht vor: mit: dhûñaḥ sâsad ist etwa جنبد gemeint (cf. جنبش moving, shaking, dispersing)?

27. chid, 154 vurrad[12]), me vurrânad, Verg. vurrând.

28. bhid, 156 tarakad, tarakânad, Verg. tarakând.

29. dṛi, 158 darrad[13]), me darrânad, Verg. darrând[13]).

30. kṛish, 160 kaçad[14]), me kaçânad[14]), Verg. kaçând.

31. pat, 162 yaphtad, me yaphtânad, ity-âdi.

32. cur, 166 dujdad, me dujdânad, Verg. dujdând.

33. cumb, 170 vosad, me vosânad, Verg. vosând.

34. jiv, 174 jîyad[15]), me jîyânad, ity-âdi.

---

[1]) to drive or urge forward (a horse), Johnson. [2]) „speciell“, s. oben p. 27 n. 1. [3]) fehlt Cod., wo blos ity-âdi. [4]) pariciyaḥ sanâsad Cod. [5]) sânda Cod. [6]) sh Cod. (durchweg). [7]) jahândad Cod. [8]) soyad in 116. [9]) riyad Cod. [10]) Westergaard hat nur: dhûñ kampane (27, 9, 31, 17, 34, 29), resp. dhû vidhûnane (28, 105). [11]) sâsad Cod. [12]) vurar° Cod (durchweg). [13]) darar° Cod. (durchweg). [14]) kas° Cod. [15]) yîyad in 171.

35. taksh, 176 tarâçad, me tarâçânad[1]) ity-âdi.
36. yabh, 178 gâyad, me gâyânad, ity-âdi.
37. vep, 180 larayad, me larayânad, Verg. larayând.
38. kal, 182 çumârad ity-â(di)[2]).
39. car, 207 carad, me carânad, Verg. carând.
40. kshâlay mit pra, 212 çoyad, me çoyânad[2]).
41. kvath, 218 yoçad, me yoçânad[2]).
42. kṛi, 90 kunad, me kunânad ity-âdi.
43. krî mit vi, 94 pharoçad, me pharoçânad ity-âdi.
44. krî, 96 kharad[3]), me kharânad, ity-âdi.
45. viç mit tupa, 100 niçînad[4]), wofür nach:

241. anami[5]) niçînado niça ity âdeço vaktavyaḥ | vor anam niça zu substituiren ist, also: me niçânad, Verg. niçând.

46. sṛi, 104 davad, me davânad, Verg. davând.
47. likh, 117 nivîsad, me nivîsânad, Verg. nivîsând.
48. svap, 119 khvâvad[6]), me khvâvânad, Verg. khvâvând.
49. mṛi[7]), 125 mîrad, me mîrânad, Verg. mîrând; — Alles dies usw. ist nach Bedürfnifs anzuwenden: ity-âdi yathâsaṃbhavaṃ prayoktavyaṃ.

iti mahîmahendraçrimadAkavara °kâçe âkhyâtaprakaraṇaṃ samâptam.

§ 8.

atha kṛitprakaraṇaṃ nirûpyate, nun die primären Affixe.

1. ahaṇ[2]) kartari | zur Bezeichnung des Agens tritt *ahañ*, d. i. *aha* (ـَه) mit stummem *ñ*, somit ohne guṇa und vṛiddhi der Wurzel (s. Pâṇ. 1, 1, 5) an: kartary arthe dhâtor ahaṇ[8]) pratyayo bhavati. Und zwar treten, was eigentlich zuerst zu bemerken war, nach:

---

[1]) terâçad Cod. [2]) nichts weiter. [3]) sha° Cod. [4]) çânad Cod. [5]) anema Cod. [6]) shvâ° Cod. (durchweg). [7]) so scheint mir der Text zu corrigiren; derselbe lautet nämlich: mṛiga anveshaṇe (West. 26, 137. 35. 46) mṛigo mîrad; aber theils findet sich oben nahe bei svap 119 kein: mṛiga anveshaṇe (dies findet sich erst am Schlufs, in 236, wo aber: yoyad als Substitut dafür erscheint), vielmehr eben nur: mṛiñ prâṇatyâge (125), theils pafst mîrad gar nicht zur Bedeutung: anveshaṇe (das ist: yoyad 236), sondern nur zu der Bedeutung: prâṇatyâge. Es liegt hier somit wohl ein Quidproquo seitens des Autors (oder des Copisten?) vor. [8]) ahana Cod.

2. ye ty-âdau te kṛiti । dieselben Wurzel-Substitute (âdeça), welche vor „ti usw." (s. 7, 1) d. i. in dem Praesens-Thema eintreten, auch vor dem kṛit-Affix ein[1]). Wenn also aus √kṛi, resp. kunad (7, 90), durch *ahañ* der Agens gebildet werden soll, so erhalten wir, da das hinter *ah* stehende kurze *a*[2]) von ahan nur zur Aussprache dient, uccâraṇârthaḥ ist[3]), für: me kunad in der Bedeutung: kartâ die Form: kunadaḥ, oder vielmehr: — kunandaḥ[3]) كنندہ: denn nach:

3. kvacin nakârâgamo vaktavyaḥ । tritt hie und da *n* als âgama hinzu. — Ebenso wird denn auch von √gam, ravad (7, 78), im Sinne von: gaṃtâ ravandah روندہ, gebildet. — für √ḍîn vihâyasâ gatau, fliegen, tritt resp. nach:

4. ḍînaḥ parrad[4]) । parrad پرد ein: im Sinne von: me parrad bildet sich resp.: parrandah پرندہ: — ebenso von √bhram (7, 234) yuṃvandaha, جنبندہ calaḥ: — von √çru (7, 52) çinavandah شنوندہ çrotâ; — von √brû (7, 58) goyandaḥ گویندہ vaktâ: — von √dṛiç (7, 50) vînandah بینندہ drashṭâ: — für √kshudha bubhukshâyâm, hungern, tritt nach:

5. kshudhyater gurusnad[5]) । gurusnad ein, also: gurusnandah[6]) گرسنندہ kshudhitaḥ; — für ñitṛishâ pipâsâyâm[7]), dürsten, tritt nach:

6. tṛishyates tiçnad[8]) । tiçnad[9]) ein, تشند, also tiçnandah tṛishitaḥ تشنندہ; — vo √ghrâ (7, 56) lautet die Form: voyandah, ghrâtâu بویندہ.

7. kvacid bhâve[10]) câ 'haṇ । hie und da wird *ahañ* auch zur Bezeichnung eines Zustandes gebraucht, so bei √jṛibhi gâtravinâme[11]), gähnen, wofür dann resp.:

---

[1]) s. aber unten 22.

[2]) die Handschrift hat freilich: *aḍ* uccâraṇârthaḥ, und es liegt näher *añ* statt: *aḍ* zu lesen, als: *aḷ*. Indessen, die Hinzufügung von *añ* ist gänzlich unnöthig um *ah* aussprechbar zu machen; dazu genügt *a* allein. Wohl aber ist die Zwischenschiebung eines *a* zwischen *ah* und das stumme *ñ* in der That nöthig, um diese beiden Laute *ah* und *ñ* mit einander zu verbinden (s. p. 48 n. 5), resp. in dieser ihrer Verbundenheit aussprechbar zu machen. Auch ergiebt sich so für *ñ* eine wirkliche Bedeutung, die eben, daſs nach Pâṇ. 1. 1. 5 die Wurzel davor weder guṇa noch vṛiddhi erhält.

[3]) dieses finale *h* wird übrigens hier fast durchweg *ha* geschrieben.

[4]) parar° Cod. (durchweg). [5]) °snaḥ Cod. [6]) °standaha Cod. [7]) so Cod., Westerg. 26, 113 hat: ñitṛisha. [8]) tiçanaha Cod. [9]) tiçtad Cod. [10]) kvaciḍâve Cod. [11]) so nach Westergaard 10, 29: jṛibho Cod.

8. ahañ jṛibheḥ[1]) khâmiyâj[2]) । vor ahañ khâmiyâj خميدز eintritt, somit: khâmiyâjah خاميازه jṛimbhâ, das Gähnen; — ebenso von] kâçṛi[3]) çavdakutsâyâm (husten); wofür nach:

9. kâçeḥ[1]) çurpha । çurpha eintritt, bhâve 'rthe ahañ pratyaye pare, also: çurphah سرفه kâça ity arthaḥ. Wie bei kâçṛi, kâçeḥ, kâçaḥ durchweg dentales *s* zu lesen ist, so ist auch an Stelle von çurpha durchweg: *surpha* zu setzen. — Bei der nunmehr folgenden Angabe ist theils deren Wortlaut corrupt, theils die Angabe selbst, wie sie vorliegt, mit Schwierigkeiten verbunden. Dieselbe lautet nämlich:

liha hâvakaraṇe, tud-âdiḥ, hilaha kapaṭam ity arthaḥ. Hier ist zunächst mit: liha gar nichts zu machen, vielmehr statt dessen: hila zu lesen, cf. West. 28, 69 hila hâva[4])-karaṇe(bhâva° var. l.). Sodann aber fehlt ein sûtram, welches angiebt, dafs für]/hil in der Pârasî ebenfalls hil, resp. hîl, eintritt, denn es ist doch ein Unding, das Pâr. Wort: hilaḥ, حيله[5]), direct mit der indischen Wurzel hil in Bezug zu setzen! Entweder ist hier also eine Lücke im Cod., oder der Autor hat sich dieses Unding in der That zu Schulden kommen lassen. Um ihm letztere Supposition zunächst noch zu ersparen, möchte ich daher, bis auf Weiteres[6]), hier etwa folgendes sûtram als ausgefallen ansetzen:

10. hilo hîla । „vor ahañ tritt für] hil: hîl حيل ein". — Für] kuca saṃkoce[7]) zusammenkrümmen, tritt resp. vor Affix ahan, bhâve 'rthe, nach:

11. kuceḥ[1 u. 8]) kuja[9]) । kuja ein, also: kujaḥ كجه: kuca-dhâtoḥ kuja[9]) ity âdeço bhavati bhâve 'rthe '*hañ*pratyaye pare kujaḥ[10]) saṃkocanam

---

[1]) die Genetive der Wurzeln werden hier in den sûtra mehrfach auf *es* und *as* gebildet, ohne Rücksicht auf die Form, in der die Wurzel unmittelbar vorher aus dem dhâtupâṭha aufgeführt wird: cf. bhramaḥ zu bhramu 188 khanah zu khanu 190 cûrṇeḥ zu cûrṇu 229 etc. — s. noch oben p. 62 [n. 1]. [2]) shâ° Cod. (durchweg). [3]) kâsṛi Westergaard 16, 22. [4]) hâva Lockkünste. [5]) fraud, treachery, stratagem. [6]) der Autor hat sich nämlich bei der Auswahl seiner Beispiele in diesem Capitel in der That anscheinend mehrfach, s. 11. 14-17 24 (9-12. 16. 17) 26 (18-21), durch etymologische Rücksichten leiten lassen, resp. indische Wurzeln mit Pârasî-Verben zusammengestellt, die gleich klingen. Ja er scheint hie und da wirklich persische Wörter ohne Weiteres auf indische Wurzeln zurückzuführen. cf. 16. 24 (9). Principiell hat er ja allerdings die Wurzeln beider Sprachen für identisch erklärt (7, 1) die Pârasî-Verba resp. nur für Substitute der Sanskrit-Wurzeln. [7]) Westergaard 20, 27 hat: kuca samparcana-kauṭilya-pratishṭambha-vilekhaneshu. [8]) kuce Cod. [9]) kuñca Cod. [10]) so auch Cod.

ity arthaḥ: saṃkocanam, das Zusammenschrumpfen: für ذجه finde ich aber nur die Bedeutung: a thing crooked in the extremity, a hook angegeben: — für ͺjṛi vayohânau[1]), altern, tritt nach:

12. jiryateḥ kohan ı vor *ahan* kohan ein, also: kohanaḥ كهنه purâṇam ity arthaḥ, alt[2]): — für ͺvrîḍa[3]) lajjâyâm[4]), sich schämen, tritt nach:

13. vrîḍo[5]) haya[6]) ı haya ein, also: hayaḥ[7]) حيه lajjâ: Johnson führt حيه nicht auf, wohl aber حياء shame حيى bashful: — für ͺtaki kṛichrajîvane[8]), in miseria vivere[9]), tritt nach:

14. takes takiya ı takiya ein, also: takiyah تكيه avalamva ity arthaḥ: zu der Bedeutung dieses Wortes: Stütze, Halt paſst die von تكيه a place of repose, mit ركن to recline, lean, to rest. Der Autor scheint somit kṛichrajîvana etwa im Sinne von: eines Haltes, einer Stütze bedürftig sein zu fassen: und überdem an eine etymologische Beziehung zu skr. tak zu denken! — für ͺtig jighâṅsâyâṃ[10]) zu schädigen suchen tritt nach:

15. tigas tik ı tik ein, also: tikaḥ khaṇḍam ity arthaḥ تكه a mouth full, piece. Auch hier gilt das Gleiche wie eben: zwischen jighâṅsâ und khaṇḍam ist keine sehr deutliche Beziehung, und die dem Anschein nach vom Autor ins Auge gefaſste etymologische Verbindung zwischen der Wurzel des dhâtupâṭha und der von تكه ist sehr zweifelhaft: — für yama uparame, aufhören, tritt nach:

16. yamo dvitvam[11]) ahani ı vor *ahañ* Verdoppelung ein. Daſs dies der Sinn ist, lehrt das Beispiel: yamayamaha. Leider beschränkt sich der Autor auf die Angabe dieses Wortes allein! Es scheint resp. in der That als ob er ein Wort wie زمزمه (soft whispering) oder جمجمه (muttering, keeping concealed in the breast) direct auf die indische Wurzel yam, uparame, aufhören, zurückführen wollte[12]): — für ͺbhṛiji bharjane, rösten, tritt nach:

[1]) Westergaard 31, 24. [2]) die Bedeutung: bhâve wäre aber: Alter.
[3]) krî Cod. (!) [4]) cf. Westergaard 26, 18 (codane, lajjâyâm api).
[5]) kiyâ Cod.; man möchte fast meinen, daſs der Autor vrî, nicht vrîḍ als Wurzel betrachtet habe! [6]) hayaḥ Cod. [7]) hayâha Cod. [8]) ruchra° Cod.
[9]) Westergaard 5, 3; im Pet. W. unter tank, sich im Elend befinden. [10]) s. Westergaard 27, 19 verschiedene Bedeutungen, darunter auch: jighâṅsâyâm). [11]) hitvam Cod.
[12]) daſs die Schuld etwa auch hier, wie eventualiter oben bei 10, nur am Co-

17. bhṛijer[1]) viriy ı viriy ein, also viriyaḥ bharjanam. Ich finde bei Johnson aber nur بریان roasted, broiled, grilled, baked (cf. noch برشته); — ity âdi. — Hiermit ist das erste primäre Affix (*ahañ*) erledigt, wir kommen nun zu einem zweiten dgl.:

18. karmaṇy upapade dhâtor ḍviḥ[2]) ı wenn ein Object beigefügt ist, erhält die Wurzel das Affix *ḍvi*, d. i. es tritt gar kein Affix an; denn das *vi* eines kṛit-Affixes ist zwar eigentlich *v*, dieses *v* fällt aber nach Pâṇ. 6, 1, 67 ab. Nun kennt zwar Pâṇini selbst kein kṛit-Affix *ḍvi*, indessen der Autor hat sich dasselbe nach Pâṇinischem Muster richtig zurecht gemacht: das stumme *ḍ* bedeutet[3]), wie er selbst angiebt, dafs (Pâṇ. 6, 4, 143) vor diesem Affix Abfall des letzten Vocals nebst dem noch darauf Folgenden (bei çav*ad* also z. B. Abfall des *ad*) eintritt[4]); dhâtor ḍvi[5])-pratyayo bhavati, karmaṇy upapade sati, graha upâdâne, graho gîrad (7, 68), âlamarâ me gîrad عالمرا می گیرد âlamgîr[6]) عالمگیر, ḍiti ṭer lopo vaktavyaḥ: — da nach:

19. anor graho nevâyad[7]) ı für grah nach anu nevâyad[7]) eintritt, نوازد, so lautet die ḍvi-Bildung für: garîvarâ me nevâyad[8]) غریبرا می نوازد garîvanevâj غریب نواز[9]) (kind to strangers) — ebenso für: garîvarâ me paravarad غریبرا می پرورد garîvaparavar غریب پرور[9]) (cherisher of the poor) dî(na)pratipâlaka ity arthaḥ: — ebenso heifst es für: vandaharâ me paravarad بندهرا می پرورد vandahparavar بنده پرور[9]) (cherisher of slaves); — desgl. bildet sich von √dhâ mit pari, vertreten durch poçad (7, 144) im Sinne von: saphed râ me poçad سفیدرا می پوشد saphedpoç سفیدپوش (weifsgekleidet); — oder von √bandh (vandad 7, 164) im Sinne von: tarakaçrâ me vandad ترکشرا می بندد tarkaçvand[10]) ترکشبند[11]), — ebenso von √han (kaçad 7, 123) âdamkuç آدمکش für: âdamrâ me kuçad; — von √khâd (khorad 7, 64): âdamkhor آدمخور[12]), râkshasaḥ, für âdamrâ me

---

pisten, der hier eine Lücke gelassen hätte, liegen sollte, ist, bei der Specialität der hiesigen Angabe (dvitvam), nicht so leicht anzunehmen. [1]) irregulärer Genetiv zu bhṛiji, s. p. 72 n. 1. [2]) kann auch: dhâtor ddhiḥ gelesen werden. [3]) cf. 7, 19. [4]) s. noch p. 75 n. 12 und Schol. bei 25. [5]) ddhi Cod. [6]) °magîra Cod. „conquering the universe", one of Awrangzebs titles; dessen Zeit, 1658-1707, ist aber zu spät, als dafs hier an ihn gedacht sein könnte! hier ist wohl auch Akbar gemeint. [7]) nevâd Cod. [8]) râ ye me nevâyad Cod. [9]) hier wohl, wie so eben, als Compliment für Kaiser Akbar gemeint. [10]) fehlt Cod. [11]) Gl. nr. 632. [12]) Gl. nr. 26.

khorad (hierzu die Bemerkung: kvacid âtam, der Name Adam wird danach also hie und da mit *t* gesprochen!) — ebenso[1]: halâlkhor حلالخور[2], harâmkhor حرامخور[3], — çokhapkup[4]) سوخپ دن[5]), — und kujaspât[6]) ityâdi. — Ein drittes Affix ist nach:

20. ḍâ kartari | für einen Agens: *ḍa*[7]), d. i. *a* vor dem, wegen des stummen *ḍ*, der letzte Vocal sammt dem folgenden Consonanten (von çavad somit: *ad*) abfällt: me ravad wird zu rava رو (going)[7]). Da resp. nach:

21. Pârasîke kvacid ardhânusvâro vaktavyaḥ | im Pâr. hie und da ein halber anusvâra eintritt (und zwar hier hinter das *a*), so wird aus: me davad: davâṃ دوان (running), aus: me vârad vârâṃ باران (rain): — die beiden folgenden[8]) Wörter: javâṃ جوان (jung) und damâ(ṃ) دمن (schnell) führt der Autor nur só auf. — Als viertes primäres Affix erscheint nach:

22. bhâve sarvadhâtubhyo 'n, bhûtavac ca[9]) | zur Bezeichnung eines Zustandes hinter allen Wurzeln *an*, und zwar erscheinen dieselben davor in der Form der Vergangenheit: — dies ist jedenfalls eine absonderliche Art das Infinitiv-Affix دن (تن) zu erklären! — also | bhû, resp. çud (s. 7, 27) çud-an[10]) شدن, | ghrâ voyid-an بویدن, | khâd khurd-an خوردن, ferner: dîd-an دیدن, rapht-an رفتن, âmad-an آمدن, çunid-an شنیدن, graha giripht-an گرفتن, caṃ vosid-an بوسیدن, pâ âçâmid-an آشامیدن: ity-âdi: — Als fünftes primäres Affix erscheint nach:

23. sarvadhâtubhyaḥ sarvârthe kvip vaktavyaḥ | hinter

[1]) der Rest von 19 ohne Erklärung resp. Übersetzung.

[2]) the lowest classes, because every thing is lawful food to them to eat.

[3]) bedeutet wohl dasselbe? eig. „Verbotenes essend". [4]) çoshaṅkuṃ Cod.

[5]) ? „Unfug treibend": P denkt vielmehr an سخن دن verba faciens, das wäre aber: *su* nicht *ço* (s. bei 25). [6]) ? kûjaspâta Cod.; mir unklar: دو پشت humpbacked paſst weder dem Laute noch dem Sinne nach. [7]) s. noch unten bei 26.

[8]) zwischen vârâṃ und javâṃ steht übrigens noch Folgendes: pâda pada! West. 27, 64) gatau, padyate(ḥ) pârasitâd (? siyâd sec. m.) ity arthaḥ; hier ist theils wohl eine Lücke (das für | pad angesetzte Substitut: pârasitâd, pârasiyâd ist mir resp. unklar; P denkt an پا und رسیدن, wie man پ رفتن sagt); theils aber scheint mir die ganze Angabe hier, wo es sich um Affix *a* handelt, überhaupt nicht an richtiger Stelle zu stehen. Cf. unten bei 21(7) einen ähnlichen Fall. [9]) bhyo 'na bhûtavad ya Cod. [10]) daṃ Cod.

allen Wurzeln in allen Bedeutungen kvip, d. i., da kvip den Mangel jedes Affixes bedeutet, die reine Wurzel kann „in allen Bedeutungen" nominal flectirt werden; kvipaḥ sarvâpahârî lopaḥ[1]). Es handelt sich hier resp. um die reine Wurzel, unter Abstraction vom Praesens-Thema (s. 2) wie vom Vergangenheits-Thema (s. 22).

24. îkshâder nigâhâdiḥ | für îksh usw. treten vor kvip nigâha usw. als Vertreter ein. Die Glieder dieser beiden gaṇa sind:

1. îksha darçane, sehen; nigâha نگاه look, aspect.
2. ûha vitarke, überlégen; ûhaḥ kyas كيس intellect, reason.
3. smiñ ishaddhasane, lächeln; smiñas tavassum تبسم, smitam.
4. mâna mâne, stolz sein; mâno[2]) nâj ناز, nây mânam[3]) ity a.
5. ṇu stutau, preisen: nos târipha تعريف (making known, notification), târîpha stutir ity arthaḥ.
6. îça aiçvarye, herrschen: îçaḥ[2]) çâha, îçate çâha شاه îçvaraḥ.
7. guñ[4]) avyakte çavde, undeutlichen Laut von sich geben: gor gaj غنج (lowering the voice) apaçavda ity arthaḥ. Zwischen çavde und gor aber steht noch: bhv-âdiḥ kvapi kvacit pûrvokârasya dîrghatâ, d. i. doch wohl: bhv-âdeḥ kvipi ... pûrvakârasya d., „von den Wurzeln bhû usw. wird bei folgendem kvip hie und da das erste *a* verlängert"; statt çavad erhalten wir somit çâvad, resp. bei kvip: çâv. Diese Angabe steht hier anscheinend (cf. die über] pad oben bei 21) an unrichtiger Stelle. da ihr jeder Zusammenhang mit dem Vorhergehenden resp. Folgenden fehlt. Man müfste denn etwa: gor gâj lesen غاض. Aber die Bedeutung von غاض an anklet which fills the left thigh pafst zwar ganz gut zu der für] gu angegebenen Bedeutung (avyakte çavde), nicht aber zu der danach für die kvip-Bildung angeführten Bedeutung: apaçavda (könnte dies etwa: erepitus ventris bedeuten?).
8. tima ârdrabhâve[5]), feucht sein: timyates[6]) tar, tar تر ârdram.

---

[1]) „für kvip tritt Alles beseitigender lopa ein", d. i. von dem kvip bleibt gar nichts übrig; — dvi ist beschränkt auf Composita, s. 18.

[2]) dies ist Genetiv. [3]) mâna Stolz ist masc. [4]) guj Cod (j statt ñ) West. (26, 52) hat aber gun. [5]) ârdribhâve West. 26, 18. [6]) timpatais Cod.

9. gu purîshotsarge tud-âdiḥ, cacare: gor hagamo vaktavyaḥ guha vishṭhe 'ty arthaḥ گوه (human dung). Hier führt der Autor somit ganz entschieden (cf. oben bei 10 und 16) das persische Wort direct auf das indische Verbum zurück, unter Annahme eines „Zusatzes" *h*! De facto ist er ub. diesmal auch auf richtiger Fährte: cf. skr. gutha[1], unser: Koth (? ahd. quât).

10. pûja pûjâyâṃ tud-âdiḥ, ehren, pujeḥ pojiç, pojiç puje 'ty arthaḥ: پوزش bedeutet aber nur: an excuse, apology, nicht: Ehre: der Autor hat sich hier wohl durch das Sansk. direct in die Irre führen lassen.

11. tija niçâne curâdiḥ, schärfen: tej تيز tikshṇam ity a.

12. jaji yuddhe, kämpfen: jajer yaṇ جنگ yuddham: der Text ist hier verderbt, lautet resp. jana[2]) yuddhe jajer yana yuddham ity arthaḥ: gemeint ist (s. Westergaard 7, 68, 69): jaja jaji yuddhe. Es ist dies eine jener vom Verf. des dhâtupâṭha irgendwie erschlossenen Wurzeln, die durch ihre Aufnahme in denselben eine Art Leben gewonnen haben, s. jâjin (eigentlich wohl: yâyin? ins Feld ziehend) Çiçup. 19, 3.

13. kshubha saṃcalane, stofsen: kshubho varaham, varahaṃ برهم (confusion)[3]) kshobhaṇam.

14. jâgṛi nidrâkshaye, wachen: jâgarteḥ vedâr بيدار, vedâr jâgaraṇam[4]) ity a.

15. daridrâ durgatau, arm sein: daridro mophalis[5]). mophaliṣ مفلس daridra ity a.

16. çush çoshaṇe, trocknen: çushyateḥ khuçk[6]) خشک çushkam.

17. kṛiti chedane, schneiden: kṛiteḥ[7]) kârdda saṃjnâyâṃ. kârda کرد kshurikâ. — Hie und da tritt, nach:

[1]) die beiden Wurzeln: gu, avyakte çabde (cf. Kuh, βοῦς) und purishotsarge, scheinen mir im Übrigen identisch: die zweite Bedeutung ist eine onomatopoietische, wie wohl auch: cacare selbst (çakṛit; çakaṭa knarrend, çakuni) auf die Bedeutung: avyakte çabde zurückgeht. [2]) hierin steckt anscheinend einfach جنگ selbst! es mufs aber doch eine indische Wurzel sein! [3]) aus بر und هم together, collected, confused. [4]) jâgram Cod. [5]) °drâde so Cod.; daridraḥ ist Gen. zu daridrâ. [6]) shu Cod. [7]) Genetiv zu kṛiti! s. oben p. 72 n. 1.

25. kvâ 'pi karmaṇy upapade goyad-âder yado lopo vaktavyaḥ | wenn ein Object beigefügt ist, bei goyad usw. Ausfall nicht blos des °*ad* (s. Regel 18), sondern des °*yad* ein: — so: sukhungo سخن‌گو (eloquent), Pârasîgo پارسی‌گو (persisch sprechend). kânûngo قنونگو (an expounder of the laws)[1]) yâvaḥgo[2]) يوه‌گو, kissahago قصه‌گو (a teller of stories) ity-âdi; — âdi-çavdât murdahaço ity-âdi, مردشو (a washer of the dead); — da sich der Autor über diesen neuen gaṇa gar nicht weiter ausläfst, so gewinnt es fast, wie bei 6, 21, den Anschein, als ob er ihn fertig vorgefunden, resp. seinerseits von anderswoher entlehnt hat und daher das Einzelne als bekannt voraussetzt. Es ist jedoch auch çudâdi 7, 28 zu bedenken, wo mit âdi entschieden nur: „Wörter wie çuda" gemeint sind, also kein wirklicher gaṇa bedingt wird.

26. akarmaṇy upapade tu goyad-âdeḥ[3]) ḍâpratyaya eva ity-âdi. | wenn dagegen ein Object nicht beigefügt ist, tritt an goyad usw. Affix ḍâ (s. 20) d. i. *â* mit stummem *ḍ* (in Folge wovon dann blos *ad* von goy*ad* abfällt), also: goyâ گویا. Zu ity-âdi cf. das zu murdahaço soeben Bemerkte. Die beiden gaṇa von 24 gehen nun weiter:

18. karjaḥ karj, karj[4]) قرض ṛiṇam ity a. Hier fehlt im Eingange wohl: karja vyathane (= pîḍe!) vexare Westerg. 7, 53); für diese indische Wurzel bringt unser Autor ein gleichlautendes Pârasî-Substitut bei, und führt darauf قرض, Schulden, zurück.

19. varpha gatau[5]), gehen(!): varpho varph, varpha himam ity arthaḥ برف Schnee. Eine Wurzel varpha gatau kommt im dhâtup. gar nicht vor[6]). Der Autor nimmt seinerseits eine solche indische Wurzel varph an, stellt (wie so eben) ein gleichlautendes Pârasî-Substitut dafür ein, und führt برف darauf zurück!

---

[1]) „applied in Hindustan especially to a village and district revenue officer" Wilson Glossary of judicial and revenue terms, und s. Kshitîçavaṅç. p. 51 ed. Pertsch.

[2]) yâvahgo Cod. mit visarga statt ḥ: zum Wort cf. Gl. 947.

[3]) goyâḥ Cod. [4]) karju Cod. [5]) varphe gamau Cod. [6]) cf. jedoch barba gatau Westerg. 11. 24. Zu den derartigen, durch Verdoppelung und Apokope gebildeten Wurzeln, wie: jagh (ghas), babh (bhas), dudh (dhû), carc (car), cañc (cal) usw., darunter auch bharbh (aus bhraṅç, bharç). bharb bharv (West. 15, 71 hiṅsâyâm), s. Indische Studien 16, 177. 17, 205. 206.

20. rañja râge, färben: rañja rau çvetâdiḥ[1]) رنگ (colour). Es liegt hier wohl theils eine Lücke (man erwartet: añjo, rau, rau varṇaḥ çvetâdiḥ), theils wie bei 18. 19 ein etymologisches Spiel vor.

21. çâsu anuçâsane, belehren: çâsehsyâsati, syâsati[2]) çâstiḥ سستی.

22. daṅça daçane, beifsen (s. 7, 132); catṛin-arthe cà *'haū* (s. 8, 1), daṅço gajidaha گزیده. (Diese Angabe hat hier eigentlich gar nichts zu suchen.)

Hierauf folgt zunächst noch: me ravad میرود, wovon ich absolut nicht einsehe, was es hier noch soll, und danach, zum Abschlufs, eine allgemeine Bemerkung, die theils alles Fehlende einzuschliefsen bestimmt ist, theils eine Art Freipafs dafür ertheilt, ob und wie man die gegebenen Regeln benutzen will oder nicht:

27. Pârasikabhâshâyâṃ yathâdarçanaṃ[3]) pratyayâ-''gamâ-''deça-varṇavikâra-nâça-viparyaya-vibhâshâ-vidhayaḥ saṃti[4]), çavdâ-'vyaya-kâraka[5])-samâsa-taddhitâ-''khyâta-kṛitsu yathâkâmaṃ kalpanîyâḥ । die Affixe, Zusätze, Substitute, Lautveränderungen, Verluste, Wechsel, Alternativen, Regeln, welche in der Pârasî je nach Ansicht gelten, sind auf Nomina, Adverbia, Casus, Composita, Ableitungs-Affixe, Verba, primäre Affixe nach Belieben anzuwenden.

iti çrîmahîmahendraçrîmadAkavara kâçe kṛitprakaraṇaṃ samâptaṃ.

[1]) sve° Cod. [2]) çâste syâsati çyâ° Cod. [3]) cf. 6, 31. [4]) ? sani Cod.; ob etwa: saṃtaḥ zu lesen? ich habe só übersetzt. [5]) kârake Cod.

Anhang.

1. Inhaltsübersicht.

Einleitung. keine eignen saṃjnâ 1, kein saṃdhi 2, eingefügtes e (Idbâfet) 3.

1. Zahlwörter. Nomin. Singul. ohne Endung 1, Cardinalzahlen 2-33, Theilzahlen 34. 35, Ordinalzahlen 36. 37.
2. Declination Nomin. 1-4 (Dual 2. Plural 3. 4), Acc. Gen. 5, Instr. 6. 7, Dat. 8, Abl. 9, Loc. 10. 11, Voc. 12; Pronomina 13-30, sarva 14. 15, sva 16, anya 17, etad 18, adas 19-21, idam 22, kim 23, yushmad-asmadau 24-27, locative Adverbia 28-30.
3. Indeclinabilia, Aufzählung 1-84.
4. Gebrauch der Casus; kein Fem. 1. Nom. 2-3 (Voc.). Accus. etc. 5. 6, Instr. 7-9. Dat. 9-11. Abl. 12. 13, Gen. 14. 15, Loc. 16. 17; Unterschied der Declination und Conjugation 18.
5. Composition, Allgemeines 1. 2, avyayîbhâva 3. 4, tatpurusha 5. 6, dvandva fehlt 7, dvigu 8, bahuvrîhi 9, karmadhâraya 10. 11; Wiederholung 12.
6. secundäre Wortbildung (taddhita-Affixe): yâdah 1, ḍi (i) 2-5 (tatra jâte 2, tena prayukto dharmo 'sya 3. 4, bhâve 5), stân 6. 7. ḍî (i) 8 (tasye 'dam), aṇ (a) 9-11 (tat karoti). an (a) 12-14 (tad vetti, taṃ prâptaḥ), vân 15, maṃda 16, ḍî (î) 17 (tena nirmita), ânî 18, gâra 19. ât 20. 21, gar 22, pharos 23, dân 24, tarâç 25, cah 26, k 27, panâh 28, tar 29. âr 30.
7. Conjugation. bhv-âdi 1, tiv-âdi 2, kein Dual 3, Personal-Endungen 4-15 (Praesens 4, kein Medium 5. Potent. 6, Imperativ 7. nur hyastanî [Imperfect; Aorist und Perfect fehlen] 8. 9, Conditionalis 10. çvastanî [Participial-Futur] fehlt 11, Futur 12. Precativ 13; drei Personen 14); Praesens-Thema für √bhû 16 (für Praes. Pot. Imperativ), Bildung des Praesens 17-21, des Potentialis 22-24, des Imperativs 25-26; Vergangenheits-Thema für √bhû 27. Bildung des Imperfects 28-32. des Conditionalis 33, des Futurs 34-37, des Precativs 38. 39; Hülfsverbum as 40-47; die Praesens- und Vergangenheits-Themata für weitere 93 Verba 48 -237, — Causativum 238-241 (die Praesens- und Vergangenheits-Themata für 49 Verba).
8. primäre Wortbildung (kṛit-Affixe): ahan (ah) 1-17, ḍvi (0) 18-19, ḍâ (â) 20. 21, an (resp. dan, tan, Infinitiv!) 22, kvip (0) 23-26; Schlufs 27.

2. Verzeichniſs der in 7 und 8 erwähnten Wurzeln.

Die 7 ist nicht besonders angegeben, nur die 8

as 40
âp 72
— 237 Caus.
ish 111
îksh mit pari 220
— S. 24 (1)
îç S. 24 (6)
ûh S. 24 (2)
karj S. 26 (18)
kal 182
— 240 Caus.
kâs S. 9
kuc S. 10
kṛi 90
— 240 Caus.
kṛit S. 24 (17)
kṛish 160
— 240 Caus.
kram mit apa 224
krî 96
— 240 Caus.
— mit vi 94
— — 240 Caus.
kvath 218
— 240 Caus.
kshal mit pra 212
— 240 Caus.
kship 84
— 240 Caus.
kshvid S. 5
kshubh S. 24 (13)
khan 190
khâd 64
— 239 Caus.
gam 78
— 240 Caus.
gu S. 24 (7)
— S. 24 (9)
grah 68
grah 239 Caus.
— mit anu S. 19
ghaṭ 226
ghrâ 56
— 239 Caus.
cam 62
239 Caus.
car 208
— 240 Caus.
cal 206
ci 134
— 240 Caus.
— mit pari 136
— — 240 Caus.
cumb 170
— 240 Caus.
cur 106
— 240 Caus.
cûrṇ 228
chid 154
240 Caus.
jaj S. 24 (12)
jan 115
jâgṛi S. 24 (14)
jîv 174
— 240 Caus.
jṛibh S. 8
jṛi S. 12
jñâ 113
mit â 70 Caus.
ḍî S. 4
tak (tank) S. 14
taksh 176
— 240 Caus.
tap 202
tig S. 15
tij S. 24 (11)
tim S. 24 (8)
tṛish S. 6
tyaj 127
daṅç 132
— 240 Caus.
— S. 26 (22)
daridrâ S. 24 (15)
dah 116
240 Caus.
dâ 88
— 238 Caus.
dṛi 158
— 240 Caus.
dṛiç 50
— 239 Caus.
dhâ mit pari 144
— 240 Caus.
dhû 240 (26)
dhṛi 106
— mit ud 108.
nî 86
— mit â 92.
nu S. 24 (5)
nṛit 186
pac 48
— 239 Caus.
paṭh 216
pat 162
— 240 Caus.
pad S. 21
pâ 66
— 239 Caus.
pâj S. 24 (10)
prach 102
phull 172
bandh 164
budh 198
brû 58
bhid 156
— 240 Caus.
bhî 232
bhû 16.
bhṛij S. 17
bhram 188
— 234
man S. 24 (4)
muc 76
mutr 152
mṛi 125
— 241 Caus.
mṛig 236
mṛid 230
yabh 178
— 240 Caus.
yam mit upa S. 16
yâ mit â 80
rañj S. 26 (20)
rabh mit prâ 222
râj 204
ric 200
rud 158
— 240 Caus.
ruh 168
laṅgh mit ud 142
— 240 Caus.
labh 74
— 240 Caus.
likh 117
— 241 Caus.
lih 60
— 238 Caus.
lî 210
vap 192
varph S. 26 (19)
vas 82
viç mit upa 100
— — 241 Caus.
vṛish 148
— 240 Caus.
ve 194

vep 180
— 240 Caus.
vyadh 121
vye 196
vraj 130
— 240 Caus.
vrîḍ S. 13
çâs S, 26 (21)
çush S. 24 (16)
çru 52
— 239 Caus.
sṛi 104
— 241 Caus.
sthâ 98
sthâ mit ud 109
sphuṭ 214
syand 184
svap 119
— 241 Caus.
had 150
— 240 Caus.
han 123
has 140
— 240 Caus.
hil S. 9

3. Nachtrag zu Gl.

Ich benutze diese Gelegenheit, hier einige Nachträge zu **Gl.** anzuschliefsen, die ich zum gröfsten Theil der Mittheilung von befreundeter Seite her verdanke.

pag. 7, 26. in der citirten Stelle der Monatsber. (1879, p. 813) habe ich darauf hingewiesen, dafs Bühler bereits zwei Jahre früher im Indian Antiquary 6, 10 für das Wort divira theils die Bedeutung: clerk theils die Beziehung zu altpers. (Keilschrift) dipi, Schrift, klar gestellt hatte, während Zimmer das Wort zuerst mit np. دبير identificirte. Bühler will nun neuerdings (briefliche Mitteilung, Febr. 1889) auch kalama aus قلم herleiten. Für die Bedeutung: Schreibrohr hat dies auch viel für sich[1]; kalama bedeutet jedoch auch: Halm überhaupt, und ist in dieser Bedeutung eventual. indogermanisch[2].

pag. 10, 5. Bühler bezeichnet in seinem: Report of a tour in Kashmir p. 61 (1877) den kathâkautuka des Çrîvara (funfzehntes Jahrhundert): „as a collection of stories translated from the Persian, by order of his patron Zain-ul-Âbidîn“ (1422-1472). Da ist es denn erklärlich, wenn sich in den Jainakathânaka-Sammlungen Anklänge an occidentalische Erzählungen vorfinden, wie z. B. in dem kürzlich von F. L. Pullé in seiner Schrift: un progenitore Indiano del Bertoldo (Venezia

[1]) das arabische Wort selbst ist im Übrigen seinerseits eine Entlehnung, sei es aus dem Griechischen, oder dem Lateinischen, s. Monatsberichte 1871 p. 623.

[2]) s. ibid., so wie Hâla [2] Vorw. p. XVII (cf. die kalamagovi v. 692. 693, so wie v. 821).

1888) publicirten Fragment aus dem antarakathâsaṃgraha (Berl. ms. or. fol. 746) Salomo's Urtheil (p. 10) und Portia's Richterspruch (p. 15[1]).

Grierson in seiner Besprechung von Gl. im Indian Antiq. 17. 273 (Sept. 1888) erwähnt geradezu eine Sanskrit-Übersetzung von 1001 Nacht (ârabya-yâminî) und giebt Beispiele der volksetymologischen Umdeutung der arabisch-persischen Namen darin an, z. B.: von: صحرا durch: saha. râ und âra, von: Samarkand durch: samarâya âhvânaṃ (kand, krand) yatra deçe, von: مسعود durch: mâ iva lakshmîr iva sûdaḥ pâcakaḥ.

In diese Kategorie von Entlehnungen gehört auch der Name der Beschwörungskunst ramalaçâstra[2]), ramalâmṛita — رمل, علم الرمل geomancy, cf. auch رمّال a geomancer, conjurer, fortune-teller — bei Peterson Report 1884/86 p. 44. 211, wo dieselbe zwar auf Garga etc., zugleich aber auch auf die Yavana (v. 1. 3) resp. auf Âdama und Havâ (v. 3) d. i. Adam und Eva (s. Gl. v. 179) zurückgeführt wird.

pag. 13 ult. zu den auf Kaiser Akbar's Bestrebungen zurückgehenden Texten gehören wohl auch das Allâsûktam und die Allopanishad, s. Bühler Catalogue of S. Mss. cont. in the priv. libraries of Gujarat etc. (Bombay 1871) 1. 4 (11). 44 (36).

pag. 14. 4. für die Geschichte der Çâkadvîpîya-brâhmaṇa eröffnen sich möglicher Weise noch reichhaltige Quellen aus der indischen dharma-Literatur. Unter dem 11. März 1888 nämlich machte mich Leumann darauf aufmerksam, daſs ein ganzer Abschnitt in dem Paraçurâmaprakâça des Khaṇḍerâya (s. Verz. d. Berl. S. H. 1. 312) ausschlieſslich von ihnen handelt. Aus dem von mir a. a. O. Mitgetheilten ergab sich bereits eine gewisse Beziehung desselben zu den Çâkadvîpîya. Horilamiçra, der Vater des Paraçurâma, des Patrones des Vfs., Sohn eines Sûryâkara, wird in der Einleitung theils als aus dem in Yamunâpura an der Gomatî hausenden Pârâçaragotra stammend, theils als: Çâkan-

[1]) beide Geschichten stehen in der That, nach P., in Gladwin's Persian Monshee als Nro. 1 u. 13 und in Rosen's Narrationes Persicae als Nro. 1 u. 10. Salomo's Urtheil findet sich im Übrigen bereits auch in buddhistischen Texten (s. Ind. Streifen 3. 60. 1871. Schiefner-Ralston Tibetan tales p. 12. 1882), und das Gleiche gilt von dem als Arzt, Richter etc. fungirenden klugen Knaben. Auf diesem Gebiete hat eben ein steter Austausch zwischen Orient und Occident stattgefunden.

[2]) gehört etwa auch der Name Ralamânâtha, Laramâ° hierzu? s. Verz. Berl. S. H. 1. 176.

tarîpa(d. i. Çâkadvîpa)-bhavad-anvayakairavendraḥ bezeichnet. Möglich dafs hier schon bei Pâreçara (doch wohl Pârâçara) ein Bezug zu Pârasa mitspielt, bei den Namen: Horilamiçra Sûryâkara, Çâkântarîpa liegt irânische Beziehung sicher vor[1]). Aus dem weiteren Verlauf der Einleitung aber, die eine eingehende Inhaltsangabe (anukramaṇî) der beiden Theile (ullâsa) des Werkes enthält (v. 44-151 für ull. **1**, v. 152-187 für ull. **2**), ist nun eine sehr specielle Beziehung desselben zu den Çâkadvîpîya-brâhmaṇa ersichtlich. Der ganze 25ste mayûkha[2]) handelt von ihnen, resp. ihrer Abkunft und ihrer Berechtigung, am çrâddha-Mahl theilzunehmen. Die betreffenden Verse (162-169) lauten[3]):

çrâddhârhavrâhmaṇânâṃ ca parikshâ kîrtitâ tataḥ ।
praçaṅsâpûrvakaṃ teshu çrâddhârhatvaṃ nirûpitaṃ ॥ 162 ॥
Çakadvîpivrâhmaṇânâṃ ca[4]), Maga-Bhojaka-çabdayoḥ ।
niruktipûrvakaṃ Çâkadvîpasya ca nirûpaṇaṃ ॥ 163 ॥
Çâkadvîpîyalokânâṃ svarûpakathanaṃ tataḥ ।
Çâkadvîpivrâhmaṇânâṃ svarûpasya nirûpaṇaṃ ॥ 164 ॥
Çâkadvîpîyaviprâṇâm atho 'tpattir nirûpitâ ।
Jaṃbûdvîpasyâ[5]) 'gamane hetus teshâm udâhṛitaḥ ॥ 165 ॥
devadravyâbhilâshe[6]) 'pi doshâbhâvas tatho 'ditaḥ ।
Çâkadvîpîyaviprâṇâṃ praçaṅsâ cà 'pamânane ॥ 166 ॥
vṛittilope ca niṃdâyâṃ doshasya kathanaṃ tataḥ ।
çrâddhe viprânukalpaç[7]) ca, nishiddhâ vrâhmaṇâs tataḥ ॥ 167 ॥
çrâddhîyavrâhmaṇânâṃ ca nimaṃtraṇavidhiḥ smṛitaḥ ।
çrâddhakartuç ca niyamâḥ çrâddhabhoktus tathâ 'pare ॥ 168 ॥
çrâddhavipraparîkshâ(khya)mayûkhe 10[b] paṃcaviṅçake ।, — d. i.:

---

[1]) und zwar bei Horilamiçra wohl in beiden Theilen des Wortes. — Auch Paraçurâma wird als Paraçurâma-miçra bezeichnet; und auch der Schreiber der Handschrift Bhûpâlamiçra, sowie sein Vater miçra-Jagadîça, führen diesen Beinamen, welcher denn eben wohl Beide ebenfalls den Çâkadvîpîya zuweist, cf. Monatsber. 1879 p. 464. 465.

[2]) „Sonnenstrahl"; wohl auch auf den Maga-Cult hinweisend?

[3]) vorher geht noch folgende Angabe: çrâddhayogyas tathâ deço varjanîyaç ca kîrtitaḥ । çrâddhadeçamayûkhe ca caturviṅçatisaṃjnake ॥ 161 ॥

[4]) ca stört das Metrum, ist aber nöthig; çâka ist somit einsilbig zu lesen; bei Beginn einer çloka-Zeile kommt dgl. Elision eines *a* ja mehrfach vor.

[5]) Gen. statt Loc.!

[6]) lâkhe Cod.

[7]) viprâṇu° Cod.; ob etwa: viprâṇâṃ kalpaç zu lesen?

162. Untersuchung über die des çràddha würdigen[1]) bràhmaṇa: darunter, unter Lobpreis (derselben), Darstellung der çraddha-Würdigkeit 163 auch der Çàkadvìpi bràhmaṇa: — unter Erklärung der Wörter: Maga und Bhojaka Schilderung des Çàkadvìpa: 164 Beschreibung der Çàkadvìpìya-Leute (eig.-Welten), sowie (speciell) der Çàkadvìpi-*bràhmaṇa*; 165 Ursprung der Çàkadvìpìya-vipra. Anlafs ihrer Herbeikunft nach dem Jambûdvìpa[2]): — 166 Auch in (ihrem) Verlangen nach den devadravya (d. i. doch wohl: nach den eigentlich für die Götter bestimmten Gütern)[3]) ist kein Fehler zu finden. Lobpreis der Çàkadvìpìya-vipra der Mifsachtung gegenüber[4]): — 167 Verwerflichkeit des Vorgehens (gegen sie?), wenn man ihnen den Lebensunterhalt entzieht(?), oder sie tadelt[5]). Die Reihenfolge[6]) der vipra beim çràddha. Die dabei ausgeschlossenen (auszuschliefsenden) bràhmaṇa: — 168 Formalien der Einladung der zum çràddha zuzulassenden bràhmaṇa. Observanzen dessen, der das çràddham anstellt und dessen, der es verzehrt: — 169 (so) die Untersuchung über die zum çràddha zuzulassenden vipra im 25. mayùkha.

Es ist klar ersichtlich, dafs hier alle die Fragen zur Erörterung kommen, welche in den von mir publicirten Parteischriften zu Gunsten der Maga[7]), speciell in der khalavaktracapeṭikà behandelt werden, und es mufs uns in der That Wunder nehmen, dafs darin in keiner Weise auf diesen Vorgänger hingewiesen wird. Es ist müfsig, über den Grund hier eine Vermuthung aufzustellen, und kommt schliefslich auch nicht viel darauf an. Ein ganz absonderliches Mifsgeschick dagegen ist der Umstand, dafs von diesem zweiten Theil des Paraçuràmaprakâça, uns nur dieser in der Einleitung vorliegende, zum Glück so eingehende Bericht erhalten ist, er selbst aber, vermuthlich gerade dieses seines

[1]) d. i. wohl: über die Heranziehung zur Feier desselben.

[2]) resp. unter Verpflanzung des Mithra-Dienstes dahin.

[3]) oder sind unter den deva direct die bràhmaṇa zu verstehen?

[4]) eigentlich: bei der Mifsachtung (die ihnen somit anderweitig zu Theil ward).

[5]) oder: „die mit Nichtbeobachtung der richtigen vritti und mit Tadel (d. i. tadelnswerthen Wandel?) verbundene Verwerflichkeit" (?; cf. dazu etwa Monatsber. 1880, p. 58. Bei dieser Erklärung macht: nindàyàm Schwierigkeit, bei der obigen: vrittilope.

[6]) ? es ist dies für: anukalpa eine etwas absonderliche Bedeutung (statt: anukrama also); indessen die belegte Bedeutung des Wortes pafst hier jedenfalls gar nicht.

[7]) s. Monatsberichte 1879 p. 446—488; 1880 p. 27—78.

Inhaltes wegen, nicht mehr zu existiren scheint! sodafs wir dafür zunächst eben nur auf diese Angaben in der Einleitung beschränkt sind. Wenigstens fehlt derselbe sowohl in der hiesigen Handschrift, als auch in der mir einzig sonst noch bekannten, von Leumann benutzten Handschrift der India Office Library (2316). Es ist dies in hohem Grade zu bedauern. Denn wir würden allem Anschein nach in diesem 25. mayûkha doch wohl wirklich noch etwas authentischere Nachrichten über die Maga vorfinden, als in den uns bis jetzt dafür bekannten Texten. Wir wollen daher die Hoffnung noch nicht aufgeben, dafs doch etwa noch irgendwo in Indien eine Handschrift davon auftauchen wird[1]). Jeden-

[1]) anscheinend liegt sogar bereits ein dgl. vor! Râjendra Lâla Mitra nämlich in seinem Cat. of Bikaner Mss. p. 432. 433 (1880) verzeichnet wirklich einen: paraçurâmaprakâça, der auch mit einem çrâddhaçeshamayûkha schliefst! Indessen: 1) er nennt als Verf. nicht den Khaṇḍerâya, sondern bezeichnet das Werk als: „a smṛiti-digest. By Paraçurâma"; — 2) er giebt als Umfang 928 foll. zu 9 Z. an; in Chamb. 326 aber hat der erste Theil, âcârollâsa, der anscheinend gröfser als der zweite ist, da ihm 108 vs. der anukramaṇî gelten, während dem zweiten nur deren 36, blos 150 foll. à 11 Z. — 3) der von ihm leider ziemlich corrupt aufgeführte Eingangsvers stimmt nach Leumann nicht zu dem von IOL. 2316 (= B; in Chamb. 326, = A, fehlt leider das erste Blatt); und scheint durch seinen Schlufs: natvâ tithyâdikâṇḍaṃ Bhṛigukulatilakaṃ çrîpatâ(?) yo vidhatte auf Paraçurâma nicht als menschlichen Autor, resp. Patron, sondern als mythischen smṛitikâra hinzuweisen; cf. das auf p. 88 zum Paraçurâmapratâpa Bemerkte. Handelt es sich etwa überhaupt auch hier um diesen? In der That schliefst auch er nach Decc. C. p. 472 anscheinend mit einem çrâddhakâṇḍa wie denn die einzelnen Abschnitte alle diesen Namen: kâṇḍa führen und zudem dort im Ganzen etwas über 1100 foll. umfassen. Ein tithikâṇḍam (cf. so eben: tithy-âdikâṇḍa) steht jedoch daselbst nicht am Anfang (Burnell, Tanj. Cat. p. 131ª, stellt allerdings seinerseits das âhnikakâṇḍam an die Spitze des Werkes), noch wird ein solches überhaupt dort genannt. — Immerhin aber, die Angaben R. L. M.'s über den Schlufs des Werkes: vṛiddhiçrâddhe sapiṇḍe ca pretaçrâddhe 'numâsike saṃvatsaravimoke ca na kuryât tilatarpaṇaṃ iti Paraçurâmaprakâçe çrâddhaçeshamayûkhaḥ, stimmen so genau zu den Angaben in der anukramaṇî Khaṇḍerâya's über den Schlufs seines Werkes: ekonatriṅçad-âkhye ca (ca aus B, fehlt A) mayûkhe çeshabhojane (çekha° A) | atho 'ktaḥ pârvaṇaçrâddhânukramaç ca tilais tataḥ (°kramaḥ A, °maç ca ... aus B) 185 çrâddhâṃgatarpaṇavidhiḥ proktas triṅçattame punaḥ çrâddhaçesha(so B, deça A)mayûkhe ca saṃkshepeṇa yathâvidhi(ḥ B) || 186 || çrâddhollâse dvitîye 'rthâ ete proktâḥ samâsataḥ 187, dafs man vermuthen möchte, es handele sich bei Râj. L. M. um einen Sammel-Band, dessen Eingang durch den Paraçurâmapratâpa, während der Schlufs durch den Par°maprakâça gebildet wird, so dafs uns demnach der zweite Theil dieses letzteren Werkes wirklich in der betreffenden Handschrift vorliegen würde! — Um alles Herge-

falls weiſs man aber nunmehr wenigstens genau, wo man noch anderweit nach Nachrichten über die Maga zu suchen hat. Denn wenn dies ja allerdings auch schon aus den bisher bekannten, ihrer Apokryphität wegen aber doch etwas verdächtigen Angaben hervorging, so ist doch nunmehr speciell als der Ausgangs-Punct für weitere Nachforschungen darüber die çrâddha-Litteratur festgestellt. Denn, da die Maga, sonderbar genug (es muſs dies eben noch seinen besondern Haken haben), den bestimmten Anspruch erheben, bei den Leichenmahlen als fungirende Priester, und zwar im Vorzug vor allen andern Brâhmaṇa, herzugezogen zu werden, so müſste eigentlich jeder Autor über çrâddha-Feier, dem überhaupt von diesen Ansprüchen etwas bekannt ist, sich bei seiner Darstellung des Gegenstandes für oder wider die Maga entscheiden. Und es wird wohl auch anzunehmen sein, daſs nunmehr, nachdem einmal die Aufmerksamkeit auf diesen Punkt gelenkt worden ist, sich in der That auch noch allerhand anderweite Angaben ad rem ergeben werden. Daſs jener Anspruch der Maga auf erheblichen Widerstand bei den wirklichen Brâhmaṇa stoſsen muſste, liegt auf der Hand, wird auch resp. durch die obige Inhaltsangabe speciell erhärtet. Dem entsprechend berichtet denn auch Grierson l. c. p. 273: „that in Bihar at the çrâddha-ceremony all Brahmans may be fed by the performer, except Çâkadvipîyas. Even Jyotisha Brahmans who are below the Çâkadvîpiyas in caste, are fed, but never the latter“.

Es frägt sich nun wann wohl der Paraçurâmaprakâça verfaſst ist? Außer dem Datum der Hs., AD 1672[1]), liegt darüber leider nichts vor.

hörige hier zusammen zu haben, theile ich noch den Eingangsvers des von Râj. L. M. verzeichneten Werkes, mit allen Corruptelen, wie er dort vorliegt, vollständig mit: çrisekiṃ (saurim?) çrîsepatiṃ(çriSampâti?)çritapadayugalaṃ çripadaṃ çrinivâsaṃ çri-Râmaṃ muktilakshmîri(*ri* ist zu tilgen)taraṇapaṭupadaṃ Padmanâbhaṃ sureçaṃ çrîkaṇṭha(ṃ) svarṇarûpaṃ svapanamiti(?)bhidâvarjitaṃ kâlarûpaṃ natvâ tithy-âdikâṇḍaṃ Bhṛigukulatilakaṃ çripatâ(?) yo vidhatte .

[1]) ich theile hier die betreffenden Angaben vollständig mit, weil darin am Schluſs die Getreide-Preise während einer zur Zeit gerade herrschenden Hungersnoth eingehend (Vieles bleibt mir freilich dunkel) mitgetheilt werden: saṃvat 1728 samaye caitre mâsi çuklapakshe paṃcami ravivâsare taddine lis*h*itaṃ pustakaṃ çrimanmiçra Jagadîça tasyâ''tmaja Bhûpâlamiçreṇa likhitaṃ, çubhaṃ, Uvarapuraṇâmâkhyagrâme vaṇi-

Bei Aufrecht im Catalogus 391ª erscheint indessen ein Paraçurâma als eine der Auctoritäten in dem 1619 in Benares abgefafsten architektonischen Werke: kuṇḍamaṇḍapasiddhi des Viṭṭhaladîkshita. — Ebenso wird ein Paraçurâma als Vf. einer rudrapaddhati in Kamalâkarabhaṭṭa's çûdradharmatattva citirt ibid. 278ᵇ (K. verfafste nach Aufrecht p. 452 den Nirṇayasindhu im Jahr 1612). — Ebendaselbst wird auch der Paraçurâmapratâpa citirt, der aber nach Burnell Tanjore Catalogue (1879) p. 131ª und Shridhar Bhâṇḍârkar's Deccan Coll. Catalogue (1888) p. 423. 448. 471. 472 von Sâmbâjî[1]) Pratâparâja verfafst ist. — Endlich aber ist Mitramiçra[2]), der Vf. des Vîramitrodaya, Sohn eines Paraçurâmamiçra[2]), der jedoch nicht als Sohn eines Horila, sondern als der eines Hañsa bezeichnet wird. Da nun Vîrasiṅhadeva, der Patron des Mitramiçra, Sohn des Madhukarasâha, resp. Enkel des Pratâparudra ist, welcher seinerseits, s. Verz. d. Berl. S. II. 2, 343, in den Anfang des sechszehnten Jahrhunderts (1504-32) zu gehören scheint, so würde Mitramiçra's Vater, Paraçurâmamiçra, eine Generation später als (eventual. in die letzte Zeit des) Pratâparudra, also in das zweite Drittel des 16ten Jahrhs.[3]) zu setzen sein. Seine Identität mit dem Patron des Khaṇḍerâya indes-

---

kajanasya Ḍekarâjasya | mahâdurbhikshe likhitam idam pustatam maṁ | na(mâna?)-saṃnihite dânau (oder: râ°) |. taddine gohû sera 19 javasera 25 càurasera 12 uridasera 16 canîsera 18 masurîsera 15 sonâtta pai uça (? oder: tsrâ?) 17 torâttapâcàdàûmmâsâ 12 ghiu sera 26 khâḍurâva(khâu°?)sera 21 gûḍasera 18 çubham astu. Am Sonntag, dem fünften der weifsen Hälfte des Caitra des Jahres 1728 (1672) war im grâma Uvarapura (Ḍav°?) eine Rupie (dies ist nach Bühler's Vorschlag für 1–6 zu ergänzen; für 7fg. freilich passe dies nicht) der Preis: 1. für 19ser (der ser ist ungefähr ein Kilo, s. Grierson Bihar Peasant Life § 1498) Waizen, oder 2. für 25ser Gerste, 3. 12ser câura (Reis, ibid. § 963), 4. 16ser urida (phaseolus radiatus § 996), 5. 18ser canà (cicer arietinum § 1004), 6. 15ser masurî (ervum hirsutum § 998), 7. 17 ...(?), 8. 18 mâsâ (§ 1498. 1499) ..., 9. 26ser clarified butter (§ 1160), 10. 21ser ..., 11. 18ser gûḍa (boiled juice of the sugar cane § 1014).

[1]) der Name Sâmbajî könnte eventual. zu den Maga führen! — Nähere Angaben über den Autor fehlen leider, doch wird Decc. Cat. p. 472 eine dîpikà zum çrâddhakâṇḍa des Werkes von Bopadeva (!) erwähnt. Das würde denn freilich anscheinend in erheblich ältere Zeit hinaufführen, als die um die es sich oben handelt! Das Wort paraçurâma scheint im Übrigen bei diesem Werktitel überhaupt nicht als n. pr. eines menschlichen Autors gemeint zu sein; s. p. 86ⁿ·¹.

[2]) zu miçra s. p. 84ⁿ·¹.

[3]) Anfang von Kaiser Akbar's Regierung (1556 — 1605).

sen ist denn eben doch wegen der Verschiedenheit der Namen der Väter (Horilamiçra im letztern, Hañsa im erstern Falle) von vorn herein durchaus zweifelhaft, und könnte nur etwa auf Grund der immerhin doch etwas bedenklichen Annahme, dafs beide Namen eine und dieselbe Persönlichkeit bezeichnen (Horilamiçra so zu sagen der Maga-Name, Hañsa der brâhmaṇa-Name derselben sei), statuirt werden.

p. 16, 18. Böhtlingk's (10. Nov. 1888) Vorschlag, das Wort: viçeshyanighna, welches, s. **Gl.** p. 72 (66), als Unterschrift zu fassen ist, durch: „vom Substantiv abhängig“, d. i. Adjectiv aufzufassen, ist sicher zu adoptiren. Es bleibt dies freilich eine sehr gesuchte und sonderbarliche Ausdrucksweise. Wir erhalten resp. damit zu den in **Gr.** vorliegenden Exempeln selbständiger grammatischer Terminologie Seitens des Krishṇadâsa noch einen weiteren Belag dazu auch aus **Gl.**

pag. 24, ein von Peterson Rep. 1884 86 p. 46. 219 aufgeführtes Mspt. hat in der Einleitung nach v. 5 (schliefst: °saṃskṛitârthaṃ vibodhanaiḥ) noch einen sechsten Vers: yo (ye!) 'vagâhituṃ ichaṃti Pârasîvânmahârṇavaṃ | teshâṃ arthe Krishṇadâso nibadhnâti vacaḥplavaṃ ‖ 6 ‖. Das Werkchen enthält daselbst aber nur 152 vv (falls dies nicht ein Druckfehler ist für 252!). Die Unterschrift lautet wie in T (s. **Gl.** p. 76, also: °çâhakârite vihâri-Krishṇadâsa), nur dafs hier hinter Krishṇadâsa noch miçra hinzugefügt ist. — Der Schlufs des Titels daselbst: °prakâçe çabdârthakoshaprakaraṇaṃ läfst, beiläufig bemerkt, **Gl.** etwa als ein weiteres Capitel des in **Gr.** enthaltenen Werkes, somit beide Texte, **Gl.** und **Gr.**, als direct zusammengehörig, erscheinen?

p. 26 nro. 18. Justi fafst in einer Zuschrift vom 3. Nov. 1887 dipâlaya mit Recht als „Aufenthaltsort für Lampen“, tâka ist resp. arab. طاق, طاقه (pers. Deminut. طاقچه). Wandnische am Eingang in das Wohnzimmer zur Aufbewahrung von Wasserkrügen u. dgl., s. Schack Poesie und Kunst der Araber 2, 324. 346. Brugsch Reise der preuss. Gesandtsch. 1. 513. Dozy Supplément II, 70. 71. — Ebenso Grierson l. c. p. 274: „طاق a recess in the wall. The tâq is used especially for putting a lamp into, and hence it is also called diwâr or diwâl, corruption of dipâlaya, lamphouse. Divâr does not occur in Hindustâni dictionaries, being confounded with the Persian divâr a wall. It is however in common use.“

p. 31 nro. 174 Hörnle in einer Zuschrift vom 22. Nov. 1887 proponirt zu lesen: çoke] 'phsosas, resp.: افسوس statt: فسوس (beide Formen sind gleichberechtigt), und für die Lesart von G.: phavâlâ verweist er auf arab. ويلا وا cry, lament.

p. 35 nro. 273. Justi verweist auf gadd sheep im Balûcî, s. Hughes p. 18, und gad hill sheep bei Pierce, Journ. Bombay BRAS. 1875 p. 63. 47, gad hillsheep, nach Einigen mascul. a ram, nach Andern a female hill sheep, nach noch Andern für beide Geschlechter.

p. 36 nro. 295. Grierson l. c. faſst auch guphâ als: cave, = guhâ, das nach ihm: „apparently a Prâkṛit form of it" sein soll, falls nicht etwa umgekehrt (dies wäre wohl eher anzunehmen) guphâ nur: „a falsely resuscitated Sanskṛit manufacture from guhâ" sei. Jedenfalls bedeute guphâ „in mediaeval Hindi": Höhle. Die Gleichstellung mit hujara courtyard erkläre sich dadurch, daſs dies Wort „in colloquial Hindustânî" nur als „equivalent to the slang use of the English: den" vorkomme und in diesem metaphorischen Gebrauch könne das Wort ganz gut durch Hindî guphâ erklärt werden.

pag. 37 nro. 313 „jînah pârohaṇe". Auch pârohaṇa ist nach Grierson ein aus der „vernacular" Sprache[1]) entlehntes „pseudo-Sanskrit word"; es bedeutet im Hindî „any thing on which a person rides".

pag. 40 nro. 385. entsprechend der von mir vorgeschlagenen Erklärung constatirt Grierson, daſs kaṇḍû in Bihâr in der Bedeutung: „dry itch", und ras als „moist itch" im Gebrauch sei.

pag. 45 nro. 478. auch die Bedeutung „outer garment" für tûlikâ ist nach Grierson aus dem „vernacular" entlehnt"; „the south-east Bihâr turâi means a light quilt containing less than a pound of cotton. These quilts are always worn as outer garments: cf. Bihâr Peasant Life § 731".

p. 52 nro. 605. die Lesart von G: palâṇa für paryâṇa ist nach Grierson „instructive as giving the form used by Vidyâpati Thakur, who wrote in the vernacular AD 1400; he has even a verbal root palâna: to saddle".

pag. 53 nro. 615. Justi denkt an پوزی Schmuck am Roſsgeschirr,

---

[1]) cf. Gl. p. 21: „z. Th. wohl aus den indischen Volksidiomen stammend".

part of the ornamental accoutrements of a horse (Shakesp.) und دجكه Haken (دج krumm).

pag. 54 nro. 644. Böhtlingk (Zuschrift vom 10. Nov. 1887) fafst âpamnâça als: âpad + nâça, Schwinden des Unheils.

pag. 57 nro. 705. Justi zieht arab. منقل (a chafing dish. Shakesp.) heran und liest mit T: hasaṃtyâṃ miṃkalam.

pag. 63 nro. 841 cf. sroto'ñjana im Pet. W. „Spiefsglanz".

pag. 74 v. 257 lies mit Böhtlingk: sî 'r, und s. oben p. 9.

pag. 78 v. 95 nro. 14. Justi zieht kurd. bura „Bruder der Frau" heran.

4. Schlufsbemerkungen.

p. 66, 11 lies: avilâpayat.

Schliefslich habe ich noch an Böhtlingk und an Pertsch (= P) herzlichsten Dank abzustatten für die freundliche Durchsicht der Correcturen und gar manche werthvolle Bemerkung und Berichtigung dabei.

9/5. 89.

Buchdruckerei der Königl. Akademie der Wissenschaften (G. Vogt).
Berlin, Universitätsstr. 8.